目 录

序一 / V

序二 / IX

第一部分　懂生活

1　"什么值得买"：教中产薅羊毛 / 3

瞄准成长中的中产阶级，这家公司通过内容的精细化运营，影响用户的购买决策。

2　吃喝皆有品：企鹅吃喝指南 / 15

追求生活品质的人群，在吃喝这件事上更要"知其所以然"。

3　东家：一个匠人平台的东方生活梦 / 25

从匠人平台起步，东家的真正梦想是做东方美学生活方式的提供者，它能做到吗？

4　一家逆天的创意市集：有人在那摆摊就成了爱马仕供应商 / 39

全球最大的手工艺品销售平台 ETSY 在 2015 年 4 月上市了，加上消费升级的大风吹起，国内诸多主打创意、个性、设计产品的电

I

趣商业　趣玩耍：
大文娱时代的商业机会

商平台似乎多了一分希望。但现实是残酷的，个性化商品的平台路并不好走，惨淡经营、个性尽失者不在少数。选择从线下切入的鹦鹉螺市集提供了不同的思路。

第二部分　有文化

5　故宫变萌记 / 53

故宫博物院在文化创意产品领域变革频频，传统与时尚、严肃与戏谑、"高大上"与"软萌贱"，形成一种奇妙的融合。

6　同道大叔：非典型网红 / 68

同道大叔正在将自己与大多数网红自媒体区分开来，最大程度地挖掘自身的商业价值。

7　阅文集团：IP生态圈升级战 / 81

坐拥400万创作者、1 000万部作品和6亿粉丝，阅文集团并不满足于在百亿级网络文学市场称雄，它要抓住的是下一个万亿级大机会。

8　猎故事的人 / 93

一支高举"非虚构写作"旗帜的故事生产新军正在崭露头角，他们希望以另一种方式填补故事产业链条上游的空白。

9　合纵文化：音乐跨界者的变现力 / 111

合纵文化不仅以"音乐+空间"理念创造蓝海市场，还以标准化和专业化重塑行业边界，确立了多品牌音乐跨界者的变现力。

目录

第三部分　会玩耍

10　bilibili：不只是弹幕 / 125

很多人把 B 站看成一家视频网站，殊不知它的核心竞争力是文化和圈子。

11　秒拍成"兽"记 / 137

依托秒拍和小咖秀两款主打产品，一下科技经历 5 轮融资，用了 4 年时间，成长为短视频行业里的独角兽，而这一切才刚刚开始。

12　唱吧：以变制变 / 147

陈华说："一个产品最重要的能力就是将人气沉淀下来，让用户在其中找到依依不舍、难以放弃的东西。"

13　"我们 15 个"：一场直播真人秀实验 / 157

腾讯视频定位生活实验的真人秀直播综艺节目"我们 15 个"，以区别于传统综艺产品运营以及制播流程的差异化特色，在一片红海的视频自制综艺大战中脱颖而出。

14　一场"史上最无聊的直播" / 183

这是一个角色难以区分的集体狂欢的结果：参与者即生产者，生产者是消费者。

15　狼人杀：娱乐至死时代的小样本 / 191

孤独堆出了一个王国，在这个世界中，每个人都是一个故事。

16　《欢乐颂》：植入也要"飙演技" / 204

商业植入是品牌与片方"相看两不厌"的过程。《欢乐颂》若干植入品牌的意外走红背后，有怎样的商业博弈？

序 一

在编辑部的人物选题讨论中，近来最让我们着迷的是埃隆·马斯克。本质上，他是一个"末世"论者，又从这种"末世"的紧迫感中获得了惊人的行动力和说服力。无论是特斯拉还是SpaceX，成功概率都是很低的，根本不是基于理性的商业判断。马斯克之所以要"飞蛾扑火"，投身于这些不可能的任务，是因为他作出判断和选择的尺度并非只是商业，而是"末世"的危机感。同事说："一本正经地说要拯救地球和人类，这类常常出现在美式大片中的桥段，是马斯克的口头禅。"我们都同意，"上帝视角"，这是马斯克的尺度，从而也成就了他很不寻常的事业。

尺度是一个很奇妙的概念。《超时空接触》是一部老电影，它的片头始终很让我震撼，念念不忘。在收音机的嘈杂声中，镜头视角从我们居住的这个蓝色星球开始向外太空推移，掠过各种行星、恒星，超越太阳系，再超越银河系，最终，银河也只是无限浩渺的一粒微尘……随着镜头的推移，这无限的宇宙最终含摄

趣商业　趣玩耍：
大文娱时代的商业机会

在一个女孩的瞳孔之中。可见，"世界"就是"视界"，你用什么样的尺度看待外界，就会得到相应尺度的"真实"。

为什么在《中欧商业评论》这本案例精选集的序言里，提到"尺度"这个概念？因为案例的意义就在于拓展"视界"，从而改变你的"世界"。每一个案例的入选，并非因为它们是多么正确并代表着唯一答案；而在于它们呈现了一个个与众不同的维度，基于这些独特的维度，成为独一无二的企业，在竞争中脱颖而出。案例集的意义首先在于独特性的叠加，藉此，固有的认知尺度也许能够得以拓展。

在这里提到马斯克还有一个原因——他的思考方式。物理专业出身的马斯克常常说，要以第一性原理来思考事物。"不管它是哪个领域，一定要确定最本源的真相，一定要有非常高的确定性。在你得出结论之前，必须在这些最本源的真实性上得出结论。所以，物理的思维方式是非常好的一个框架。包括我们能源的消耗、产品等，里面都涉及第一定律的应用。"

回到这本案例集，同样，我们需要穿透不同行业、不同发展阶段、不同管理模式的表象，去寻找它们背后的"第一性原理"。否则，通过案例学到的只是表象而非本质，最糟糕的结果莫过于画虎不成反类犬。要知道，有时候我们可以在一篇案例里看到自己能够学习什么，有时候恰好相反，通过对一篇案例的学习，我们得以知道自己不需要什么。无论怎样，穿透纷纭的现象而获知原理，才是案例集的真正意义。

序 一

这两本小书，汇编了《中欧商业评论》杂志近年来采写的经典案例。面对浩若繁星的企业，选择哪些作为案例写作对象？通常，我们会秉持两个原则：一方面，它们要有着丰富的异质性。换句话说，要为读者提供多元化的维度和尺度，从而打开他们的视野。异质性意味着这些企业都是创新的，而非亦步亦趋的；另一方面，它们又要有着某种一致性，符合特定时代、特定技术浪潮、消费趋势以及商业运作的规律。

基于前者，我们去关注不断涌现的各种商业创新势力，发现那些新锐商业模式的创立者、"互联网+"的引领者、自我变革的践行者。基于后者，我们注意到，这是一个消费升级的时代，是一个泛娱乐化的时代，是一个人人都可以表达自己的时代，在这股浪潮下，品位就是商机，所以要懂生活；知识就是商机，所以要有文化；娱乐就是商机，所以要会玩耍。

总而言之，在这两本不同主题的案例汇编中，你既能触摸到强烈的时代脉搏，也能获知超越时代表象的商业本质。由表及里，由外及内，一起开始这场愉悦的阅读旅程吧。

周雪林
《中欧商业评论》出版人
中欧国际工商学院院长助理

王正翊
《中欧商业评论》主编

序 二

衡量企业是否成功，大抵存在着一定的标准，如企业的行业地位、管理模式、盈利能力、发展能力等。而企业通往成功的路径却不尽相同，正所谓"殊途同归，其致一也"，企业通过巧妙地创造、分配和组合各种新旧资源，以达到预期的目标。莱布尼茨曾说过："凡物莫不相异"，那么，在各行各业、各形各色的企业当中，挑选出兼备说服力、时效性、多样化、启发力等特质，同时能够提供趣味性阅读体验的案例，着实需要下一番功夫。

无论你是学生、学者、创业者还是企业家，若想要以史为鉴，开拓眼界，从真实的管理学案例中捕捉灵感，在时代的洪流中搏击风浪，这两本《中欧商业评论》的经典案例精选集是绝对不容错过的。

我们为什么要学习案例？我曾经听到一位学生如此问我。他说，这个世界上没有两片相同的叶子，照葫芦画瓢，也只能模拟

趣商业　趣玩耍：
大文娱时代的商业机会

个大概，适不适合自己也未必。我的回答是，我们学习案例的目的，永远不是复制，而是创造。通过阅读一篇篇案例，我们能够一览高山密林里既多样化又多元化的树叶（企业），在这个过程之中，我们会逐步分辨出隐含在树叶之中的脉络结构（模式），判别异同，取己所需，进而创造出属于自己的、独一无二的树叶（路径）。

有人说，我们生活在一个最好的时代，也生活在一个最坏的时代。这个时代瞬息万变、商机四伏，在层出不穷的机遇中蕴含着前所未有的危机和挑战。从互联网到"互联网+"，从仅为丰衣足食到追求生活品质，传统的商业模式已顺应着时代的剧烈变革与民众的多样化需求，逐渐进化成愈发新锐的商业模式，企业也逐渐从传统的要素驱动型转向创新驱动型。移动支付、共享经济、人工智能……这些新锐的尝试彻底改变了一代人的生活习惯，把曾经在科幻电影中出现的画面带到了真实世界。而当我们感叹一切是如此不可思议之际，新一轮创新与动荡早已蠢蠢欲动。因此，把握大环境下的市场动态，了解行业内外的竞争信息，对于任何一家在通往成功的道路上披荆斩棘、另辟蹊径的企业而言，是至关重要的。

这两本《中欧商业评论》杂志的案例精选集，采选了近些年来经典案例之最，从"吃"到"玩"，从"变革"到"创新"，环环相扣、层层推进地挖掘各类企业在各个环节的行为，探究影响这些行为的背后原因。这里,有两点必须强调:(1)这些新商业、新势力统统离不开"变"与"新"。临危不乱的从容决策,力挽狂澜的佳话传奇,与作为领军人物的人格魅力,绝不仅是凭借"天赋"与"经验",如果墨守成规、固步自封,很快就会被时代的浪潮所淹没;(2)企业在各个环节的创新行为,绝不仅仅是单一因素影响的,而是各种因素在深度与宽度之间的组合。基于以上两点,再结合阅读者本身的背景与目的,最终所能够汲取的经验教训必然是具有针对性的。

知己知彼,百战不殆。我们要做的,是在万变中摸索其宗,将理想与创意落地生根。我相信,这两本案例精选集会是茫茫商海之中的一座灯塔,使你少走弯路,助你审时度势,给你带来不同寻常的阅读体验,体会异曲同工之妙,窥见这个一切皆有可能的时代的缩影。

蔡舒恒
中欧国际工商学院管理学副教授
中欧升级导师课程-课程主任

第一部分
懂生活

1 "什么值得买":教中产薅羊毛[*]

瞄准成长中的中产阶级,这家公司通过内容的精细化运营,影响用户的购买决策。

2010年夏天,当隋国栋创办"什么值得买"网站时,他也许没有意识到,这家公司将在未来几年踩准消费时代的风口,成为互联网内容大池中一层精细化和人性化的过滤器,影响到上千万用户的消费决策。

那时,无论是宏观数据还是身边实际发生的案例,都在或多或少地指向一个事实——中国将迎来它的品质消费时代。当中国消费者爆发出强大的购买力,成为全球最具消费实力的购买群体

---

[*] 本文作者刘婕,《中欧商业评论》原资深编辑。原载于《中欧商业评论》2016年第4期。

时，他们获取消费类内容的需求也产生着剧烈的变化。在这个电商信息泛滥的时代，什么值得买看准的是好内容的真正价值。

让消费更"值"

品质就是尽可能还原商业等价交换的本质，让消费者觉得自己的消费行为"值"。

什么值得买的业务总结起来其实很简单：你可以说它是一家每天挖掘和过滤全球电商折扣信息的导购网站。然而，它所针对的用户却有着明显的特征。

区别于纯粹以价格驱动的导购网站用户群，CEO 那昕把什么值得买的用户定义为"成长中的中产阶级"，这是一个庞大的群体。"三年前，还有许多用户以'屌丝'自居和自嘲，但最近几年你会明显地感受到，越来越多的人正迫不及待地摘掉这个标签。这些人的收入水平、消费能力和消费需求在不断提升，这个群体还在不断放大，他们将会成为支撑中国经济的主要力量。"那昕解释，"我们赌的就是这个方向——未来数年内，中国中产阶级人数将突破 5 亿大关，他们的消费需求更新、更高、更多样，可是从消费信息和内容提供的角度，却远远没有跟上这个群体的成长。"换句话说,虽然各类电商的营销和促销信息越来越多,但简单粗暴的营销方式已经没有办法吸引有更高购买力的品质消费人群了。

在那昕看来,不论已经是中产还是正在成为中产,消费者对价格一定仍是敏感的,这也是什么值得买中"值"的含义之一。"这是人性中的一部分,不管你是什么人,都会对一个产品有价格上的心理预期。有消费能力的人群关注价格,这一点儿也不矛盾。"让广大用户对各大电商的折扣信息进行"爆料",再由小编进行筛选和发布——从单价1元的促销加拿大北极虾,到折后10多万元的瑞士机械表……"值友"们源源不断地为其他用户贡献着信息,而这些信息都能为不同需求的消费者带来实惠。

然而,价格只是"值"的一层含义。隋国栋这样表述建立这个网站的初衷:"我们的生活其实是由很多好的产品所组成的,认识到好的产品总会有一种相见恨晚的感觉。"当一个消费者拥有消费的需求,却不知如何选择高品质、可信赖的产品时,什么值得买能够解决信息不对称的问题。

"互联网的普及帮助人们解决了第一波信息不对称的问题——中国人知道了什么是奢侈品牌,进而发现了境内境外的价格差,于是,大家出境游购买的也是奢侈品。下一波的消费信息对称是什么?就是越来越多有购买力的人认识到,除了奢侈品之外,自己的日常生活用品也有更多更好的选择。"那昕分析。对于品质,他的理解就是尽可能还原商业等价交换的本质,让消费者觉得自己的消费行为"值"。什么值得买是最早开始推送海淘信息的导购网站之一,在网站上线的第二年就有计划地推送海淘攻略,并在 2013 年海淘已成网购大势的情况下上线了"海淘专区"。

那昕介绍,他们的用户年龄在 28~35 岁,男女比例为 6∶4。如果淘宝上的典型用户画像是"败家女",那在什么值得买上的典型用户画像就是"败家男"——作为一直被忽略的群体,在诸多消费升级领域,男性往往比女性消费者更为理性,也更有决策权。

一小部分人影响一大部分人

在内容运营上,人的价值要比技术和数据大得多。

什么样的内容会对消费者产生价值?谁又会影响他们?什么值得买给出的答案是——没有比用户自己更知道这个群体需要什么了(图 1-1)。"我们的任务是发现和挖掘有价值、高质量的用户,让他们再去教育其他用户。"那昕总结。

1 "什么值得买":教中产薅羊毛

数据来源:"什么值得买"站内统计 2015.01;艾瑞 2014.11

图 1-1 什么值得买基础数据

在内容方面,什么值得买将产品信息分为以价格为主线的产品优惠信息和深度原创内容。无论是哪类信息,都坚持"从群众中来,到群众中去",即 UGC(用户产生内容)+PGC(专业产生内容)的做法。网站每天都会收到大量来自用户的有关产品折扣的爆料,内部编辑们需要运用专业视角逐条审核这些爆料,从价格、产品、可信赖度、购买的便捷性等维度综合判断产品折扣的价值,并赶在折扣优惠过期前迅速发布信息。

那昕认为,以价格为主线的内容体系能够提升使用频次和用户活跃度。UGC 则极大地节省了编辑主动搜索产品折扣信息的时间和精力损耗,让编辑专注于"把关人"和"筛选者"的角色。

那么，又是什么驱动着"值友"们满世界地找产品？在那昕看来，虽然网站会给予爆料人一些虚拟奖励作为回报，但这些人的真正动力是一种参与感和荣誉感，也不乏经常在网站上"捡到宝"的老用户，更愿意将有价值的信息分享给别人。

价格体系提升了网站的使用频次，原创体系则增强了用户黏度和忠诚度。网站鼓励用户分享有关高品质产品、高人气新品的图文晒单评测、购物攻略、消费知识等，并以虚拟货币、新品试用等方法回馈作者。今年还将把工作重点放在培养外部作者、鼓励深度原创内容的分享上。消费能力强、热衷分享的高质量用户一直是网站努力挖掘和建立合作的对象。

"在过去相当长的一段时间里，少有网站专注于消费类的原创内容，一般都是以天涯、豆瓣、知乎为代表的综合性社区，或者现在的一些自媒体在做产品的深度分享。"那昕介绍，"用户来到这个网站时就已经带着强烈的购买需求，于是，我们就鼓励更多的作者去写比较有深度的长篇文章，能够把一个产品或者一种生活方式更直观地表达给更多的用户。"

"值友"爆料和深度原创构成了什么值得买的内容主体。从2010年到2015年，什么值得买发布的产品优惠爆料达到162万条，原创长文章投稿超过7万篇、发布量超过4.8万篇。与此同时，公司也在加强自己的PGC能力——毕竟，社区化、以用户为中心的经验分享很重要，而媒体化、专业化的选购知识也必不可少。

目前，公司内部的编辑团队规模已有100多人，其中很多都是网站的老用户。他们不仅需要承担审核用户爆料的任务，也需要在其他板块发布大量产品资讯和专题，将散乱、即时更新的信息在逻辑、条理上整合得更加清晰，易于阅读。高峰时期，用户每天贡献的爆料数大概在5 000~6 000条，其中，不符合发布规定的占一半左右。

网站会提供系统性的辅助工具和公共资料库来帮助编辑判断某个爆料的价值，与此同时，小编自己也需要对产品和折扣有一定的判断力和敏感度。"对于一个电商行业的采销人员来说，他要去了解供应商、行情、进货价格；而对于我们的小编来说，就是需要了解产品更新换代的趋势，了解它背后的故事和它营销促销的节奏。这些都是需要经验积累的。"那昕说。

虽然人工审核和编辑会占用大量的时间和资源，在效率上也有一定的局限性，但那昕和团队坚信"人工"在内容上的价值，在他看来，纯技术的推荐并不能满足用户的需求。

"有一些依靠大数据进行智能推送的产品，猜你喜欢的，往往都是你不喜欢的。"那昕解释。在他们的内容运营中，技术可以帮助编辑预先筛选出许多信息，如网站是否可靠、价格是否足够优惠，而技术却无法"说人话"。"编辑需要把用户产生的信息与自己的经验结合起来，转化成用户易于接受的文字内容，这会让用户产生信任的感觉，推荐的转化率也会更大。"例如，在一些复杂的产品优惠中，需要领券、叠加等一系列步骤才能拿到折扣，而爆料者不会详细解释具体的操作步骤，就需要小编把复杂的事情说清楚、讲明白。当零售商和电商网站已经让市场上充满了足够丰富的商品和信息时，对信息的解读就变得愈发重要。

值得想象的未来

在整个制造业的升级转型中，什么值得买未来还有很大的机会。

从商业模式的角度，什么值得买主要以展示广告和CPS（Cost Per Sale，以实际成交收取广告佣金）盈利，这与传统导购网站无异；而对内容的聚合、编辑能力让它更具有一些媒体的属性。

从创立开始，这家影响消费决策的网站一直做着离钱很近的生意。2014年"双11"当月，网站用户订单量超过360万份，转化率在8%以上；2015年11月11日0点左右，网站的访问量超过1 000万，当天页面转化率达到50%，订单转化率达到

1 "什么值得买":教中产薅羊毛

10%(图1-2)。目前,它的推荐几乎囊括全球所有大型电商,以B2C电商为主。在2014年"黑色星期五"期间,它是东半球给亚马逊带去最多销量的品牌。

"在相当长的一段时间里,大家关注的是生产制造和销售渠道这两端,似乎将这两端打通就是电商了。"那昕说,"但是中间还缺少了很多环节,其中很重要的环节就是营销。电商虽然在这

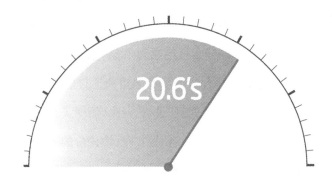

2015年双11期间平均 20.6 秒一条优惠推荐

11月11日0点访问量飙升25倍,0点期间访问量超过千万

页面转化率50%

订单转化率10%

图1-2 2015年双11数据

十几年成长了,但营销手段并没有太多创新,依然是门户网站、搜索引擎、传统媒体。营销的实质是什么?是能够让用户感知到品牌真正的价值。"换句话说,人和商品的连接方式一直没有太多创新,而越来越多的电商和厂商已经开始发现内容运营的价值。基于效率、低价和标签式的推荐效果已经不再明显,而基于专业化、理性分析和价值观认同的消费决策转化则更有效。

然而,一旦有电商、零售商和厂商等广告主的参与,"中立性"就成为一个问题。那昕说,公司会对合作伙伴的硬广和用户产生的内容进行严格区分,杜绝原创内容中出现硬广和软文。2014年,网站推出众测平台,由厂商向申请通过的用户提供测试产品,由后者在试用后撰写测评报告。什么值得买在与合作厂商签订合同时,强调网站不会影响对用户反馈评价的方向性;而对于用户,网站强制要求用户同时提供产品的优点和缺点,并且优点和缺点的条数必须相等。

"我们必须获取用户的信任。在这个社会环境里,要获取用户信任是要付出极大的代价的。"那昕说,"在这个行业里面有很多术语,如CPS、CPA(Cost Per Action,每次动作成本),但很少有人提到获取一个用户的信任成本。这个行业到最后比拼的就是为什么用户愿意在你这个平台上选择商品、产生购物决策,他需要首先信任你,再去考虑其他因素。我们做了很多工作去积累

1 "什么值得买":教中产薅羊毛

这样的口碑。"

虽然经常被贴上"内容电商"的标签,但什么值得买并不打算自建电商。"人家有卖货卖得好的人,我们没有必要拿自己的短处跟别人的长处比,毕竟,踏踏实实做内容、认真去维系作者群体和用户的人并不多。"那昕说。

除了聚焦在消费领域,那昕认为通过增强消费者与商品、消费者与厂商的连接,什么值得买还可以做得更多(图1-3)。"我们的生产制造是靠消费拉动的,当更多的消费者去购买国货时,生产制造才能跟着起来。缺少好的设计、缺少市场认可、缺少直接对接的消费者……通过我们的力量可以去解决这些问题,还有

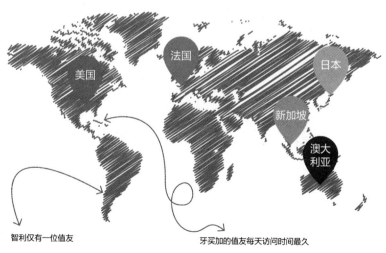

图1-3 值友遍布189个国家

很大的机会存在于整个制造业的升级转型中。"

2016年1月,公司拿到了创业后的第一笔融资,来自华创资本的1亿元人民币。那昕透露,这笔钱将被用在用户回馈以及与公司品牌和口碑相关的业务上。

2 吃喝皆有品：企鹅吃喝指南 *

追求生活品质的人群，在吃喝这件事上更要"知其所以然"。

老舍先生的《四世同堂》里有这么一句话——"我的操心受累全是为了你们这一群没有用的吃货！教训我？真透着奇怪！"这是"吃货"一词作为书面语的最早出处，讽刺的是好吃懒做之人。现如今，它不仅大有褒奖之意，还是对一个人能吃、会吃、懂吃的肯定。

再进一步，当"吃货"成为一种职业时，它便有了影响力和权威感：你可以告诉大家什么好吃、应该怎么吃；当人们有了餐饮需求时，还会想到问问你的意见；甚至有一天，"吃货"也可

---

* 本文作者刘婕。原载于《中欧商业评论》2016 年第 4 期。

以"卖货"了。

位于上海的一家初创公司,"企鹅吃喝指南"做的就是"吃货"的生意。在创始人和 CEO 王志伟看来,消费升级和生活质量的提升,最简单的还是通过"吃喝"来体现——幸福感往往就在一顿优质的早餐、一杯好喝的咖啡之中。

在这家公司的公众微信号上,它这么定义自己:"有理,有趣,有料,最具公信力的美食自媒体,你身边最懂吃喝的好朋友。"

"吃喝"是一条正确赛道

"消费市场还没有被定性,人们会不断地往金字塔的上层爬。"

2013 年年底开始筹备创业的王志伟一直想做的是葡萄酒电商,除了自身的爱好之外,他更看好葡萄酒消费的上升空间:国内一二线城市和全球成熟市场比较而言,在人均消费量上的差距能达到十倍之多;而葡萄酒行业在互联网的渗透率在当年也仅仅在 1%~2%。无论是市场总量还是渠道上都存在增量,葡萄酒产品的垂直电商应该大有可为。

思来想去,有一件事让王志伟犯了难——互联网的核心是流量,而流量实在太贵了。"那时候,每获得一个用户的成本大概在 100 元，现在平均可能是 150～200 元。"他发现，流量价格居高不下的同时，内容的价值却被低估了。

"过去，大家一直把内容当作一件独立的事情看待。它的变现渠道十分单一，传统媒体依靠登广告来赚钱只是一锤子买卖，读者看了广告去购买商品，媒体无法从交易中分到一分钱。"王志伟解释，"在互联网上，内容本身就能够产生流量，从流量的角度看内容，就会发现后者极其便宜；而且从商业化的角度看，内容也只是处于很粗浅的阶段。"

2014 年，王志伟和他的团队策划了一系列关于葡萄酒知识普及的视频和文字，通过国内主流视频网站和微信渠道传播，目的是通过高质量的内容教育市场，增加黏性，再以电商形式变现。不久后，团队发现了新的问题：葡萄酒的专业媒体无法有效地抓取葡萄酒爱好者，相反，人们会去关注综合类媒体中有关葡萄酒的内容。事实上，热衷葡萄酒的人群、咖啡爱好者、经常出入高档餐厅和出国旅游的人群有着极大的重合度。

"第一，从目标人群的角度看，喝葡萄酒是一个比较低频的事情，我们不能用一个低频的习惯去接触这个人群，而是要将低频与高频的行为结合在一起。第二，葡萄酒是具有一定消费门槛的产品，也是一个具有体验性的产品，许多食品和饮品的消费也是如此，于是，我们需要更广义、更偏重生活方式类的内容去接触用户。"王志伟分析。

围绕着这个逻辑,企鹅吃喝指南逐渐将关注品类扩大到整个吃喝领域,服务的人群是那些"对生活品质敏感,对价格不敏感的高端吃货"。

毕业后一直从事消费咨询行业的王志伟对国内的消费趋势有一个基本判断——中国市场一定会追随美国、日本、中国台湾和中国香港市场的脚步,而且追赶速度会越来越快。"比如在美国市场需要十年完成的事情,中国可能在两年就做到了。"他相信,随着国内消费者出国旅游的比例增多,消费者的品位和偏好都会"进化",眼光和标准也会不断提高;与此同时,人们也需要通过消费这件事定义自己,获得更多的自我认同。

"消费市场还没有被定性,经济在发展,人们也会不断地往金字塔的上层爬。"王志伟说,"不管是以前的'屌丝'也好,学生也罢,过去他们可能没有时间、精力和消费能力去关注高品质的产品和服务,但现在他们已经意识到自己有更好的选择。而且,三线城市的消费能力在往二线城市靠拢,二线城市在往一线城市靠拢,年轻消费者会变成成熟消费者,这些趋势都是无法避免的。"

对企鹅吃喝指南而言,专注于消费升级领域中的餐饮市场,就是一条正确的赛道。

食之有据，喝出所以

"你的独特会吸引到大量用户，因为消费升级无论从哪个维度去切，市场都实在太大了。"

既然服务于对生活品质要求较高和有意去提升生活品质的人群，企鹅吃喝指南需要拥有一定的标准和调性。按照王志伟的话说，许多消费者不知道自己要什么，不知道可以拥有什么，"我们希望告诉消费者的就是，你可以通过什么产品让生活品质变得更好，而且这件事很重要。"

企鹅吃喝指南在内容生产上逐渐总结出一套自己的方法论。团队以相对"传统"的媒体生产内容的方式，坚持以PGC（专业生产内容）、内部编辑为主导来保证调性和风格的一致性。公司内部每周进行几次选题会议，将选题立项、审核，再以小组为单位推进。团队主要从两个角度来寻找合适的选题——什么品类的市场规模和整体销量较大，已经是国内比较流行的产品；国外有哪些优质的品类适合国内市场，却尚未被挖掘。

企鹅吃喝指南在2016年1月4日于微信公众号上发布的一篇《我们去了汕头，只为让你看到潮汕牛肉火锅真正的样子》，短短数天之内就获得了10万以上的阅读量。这篇文章成为"爆款"的原因，除了因为潮汕牛肉火锅从2015年在上海突然流行，选题本身抓住了"吃货"的眼球之外，还因为在文章的操作上，拿出了新闻调查记者式的"死磕"精神和论文式的严谨风格，被读者评论为"从美食开始复兴训诂考据的遗风"。

这篇文章究竟是怎么做出来的？在选题通过之后，"企鹅"的一位负责编辑专门飞赴汕头，用了一周时间调研潮汕牛肉火锅。她找到当地的专业"老饕"、炒菜协会会长学习理论知识，跑到屠宰场一睹活牛，在后厨案板上采访师傅，吃了六七家当地名店和小店，最终，从"牛""汤底""部位详解""蘸酱"等几个维度入手，写出一篇接近5 000字、图文并茂的地道文章，有关食材品质、用餐知识和体验的细枝末节都没有放过。而从产生念头到成文，共用时两周。

按照企鹅的内容主编刘晓意的话说，企鹅应该是人们身边一个"懂吃"的朋友。"懂"体现在何处？故事和情怀远远不够，还需要数据和道理做支撑。

当"理科生思维"成为企鹅内容的一种调性，就可以延展到其他品类和形式之中。例如，在潮汕牛肉火锅之后，企鹅又触类旁通地打造了一期川渝火锅的专题，文章的开头便提到四川和重庆火锅的起源与对比。

企鹅从2015年10月开始尝试"测评"系列，在"有理有据,令人信服"的道路上越走越远。其公众号在2015年12月7日发布的《300包薯片,我们吃完了!这是你们要的结果》,获得100多万的点击量。为了产出这篇文章,企鹅团队采购了全球范围内的50个薯片品牌共300包,并邀请50多名读者一起在办公室进行盲品。团队从整体评分、酥脆度、调味、油感、薯味、薯片外观为维度进行测评,选出了"最不好吃""口感最佳""调味最佳""盐醋味最佳""酸奶酪洋葱味最佳""薯味最佳""怪口味"和"最终赢家"。为了配合这篇测评文章,刘晓意还提前发布了一篇薯片的科普文章,从薯片起源、类型、包装、口味、搭配饮料逐层展开,目的是为之后的测评打下足够的理论基础。而这样铺垫式的科普文章以及测评内容开篇注明的"打分维度",已经成为企鹅吃喝指南的重要标签。在春节前夕,"企鹅"又盘点了12种炒货坚果的身世来历,为之后的200包坚果年货测评做足铺垫。

从第一篇测评文章开始,"企鹅"公众号的粉丝在一个月里增长了5万人,每篇的阅读量平均达到六七万。现在企鹅拥有30万微信粉丝,加上其他渠道,用户总量约在50万人。70%的用户集中在北上广三地,年龄在25岁左右。"你能够想象出来这群人是谁——有较高的消费水准,大部分人可能都至少出过一次国,能够消费得起人均300元以上的餐厅。"

有媒体评价企鹅吃喝指南是"以市场不常见的方式进行良品推荐",在王志伟看来,"你的独特会让你吸引到大量用户,因为消费升级无论从哪个维度去切,市场都实在太大了。"

对于刘晓意而言,企鹅现如今最重要的任务并不是打造"爆款",而是更有规划、更有方法论地去寻找选题和组织内容。"如果一味地结合热点做选题,热度过去之后用户可能根本想不起来你做过什么。但如果将内容栏目化,就能形成品牌效应——当用户想吃拉面、想喝精酿啤酒的时候,就会想到我们。"现在,企鹅有"探店报告""城市指南""饮食科普""美食视频"几个栏目。

商业化需尽早

提供优质的资讯,在合理价格提供优质的产品和服务,两者都会带来价值。

王志伟从来没有避讳过商业化这件事,"我从创业第一天就想做电商。"

2015年11月之前,企鹅的电商部分只有葡萄酒和啤酒两种品类,在内容逐渐丰富之后,团队发现,电商应该与内容相辅相成。"我们绝对不会做广告。但是，如果我们要去背书一个商品，我们肯定会对它有所了解，或者有很科学的测评过程，才想要给到消费者。"王志伟说，"电商这部分在一方面可能会影响到一些选题和选品，但是反过来，很多情况下是选题影响选品。"2016年3月，配合日本樱花盛开的话题和内容，企鹅就在淘宝上线了樱花茶、樱花蛋糕和果冻等产品。

在王志伟看来，提供优质的资讯和在合理价格提供优质的产品和服务，两者都会带来价值。有许多大型互联网社区和平台，正是因为长久以来没有找到好的商业化路径，在用户心中已经形成了固有的品牌形象，再去进行商业化就困难重重。

现在，企鹅电商平台的交易主要集中在微信和淘宝，上架产品约30种左右，团队内部有五六个人负责电商业务，月流水在100万元左右。跟内容生产相比，电商部分是"苦差事"，即便如此，王志伟在现阶段仍然坚持自营。

"一个原因是，我觉得食品行业有太多容易出错的地方和太多的不确定因素。在某种程度上，当你为一个产品背书的时候，你的责任重大。第二个原因是，有许多国外好的产品还没有进入国内市场，导购也不是很现实。第三个原因是，导购需要不断更新和整合各种产品信息并将它们推荐出来，这件事我们现在不会去做。"王志伟也不排除未来自营和导购两种模式共存的可能性，但对他来讲，自营是现阶段最为稳妥的做法。"我们最终想让用户知道，其实在这个市场中，你可以以负担得起的价格得到更好的东西。"他介绍，企鹅的线上产品在二三线城市卖得很好，这些地区的客户具有极强的消费能力，购买渠道却更受限制。

现在，企鹅吃喝指南除了配合内容的产品品类上线外，还有"企鹅每月订购"服务，每月200元会员费，半年起订，其品类包括葡萄酒、精酿啤酒和咖啡——在王志伟眼里，这些都是中产阶级的消费品。此外，公司还定期在线下开展包括啤酒、葡萄酒和咖啡等品类的新手课、品鉴会和其他活动，增加与读者和消费者的互动。

3 东家：一个匠人平台的东方生活梦＊

从匠人平台起步，东家的真正梦想是做东方美学生活方式的提供者，它能做到吗？

"我相信，大多数人的血液里都有一滴茶、一滴墨汁。"

说话的朱见山手持一柄折扇，身着中式盘扣衬衫，面戴圆框复古眼镜，身前的木质条桌上摆着款式各异的茶器，与其东家创始人的身份十分搭调。

东家的本意为"东方生活家"。用另一位创始人俞海华的话说，东家的定位是东方美学生活方式平台。听上去无所不包，东家选择的切入口是：先将制造传统中式美物的手工匠人聚集起

＊ 本文作者罗真，《中欧商业评论》编辑总监。原载于《中欧商业评论》2016 年第 10 期。

来，打造匠人平台。

2015年5月，东家App正式上线。一年多时间，从最初的匠人作品展示及社交平台，到电商平台，再到计划在2016年年底开张的线下体验点，东家气候渐成。截至2016年7月，东家入驻匠人2 000余位，用户60多万，客单价800多元，月销售额过千万元，已完成数千万元的A轮融资。

不多见的是，这家创业公司甫一出场，便赢得诸多商界大佬的青睐：天使轮便有九阳电器创始人、外婆家创始人、阿里创始人等捧场；A轮融资时又吸引了原腾讯集团高级执行副总裁、唯品会创始股东等投资人加入。

朱见山认为这不难理解："所谓消费升级，最后要升到哪里去？一定会回归到中国人原本该有的生活方式中去……你的基因一旦被唤醒，一定会被我黏住。文化的自省自觉已经到了。"

意外夭折

开泡App的意外夭折逼得整个团队开始反思此前的打法和方向，也因此有了后面的东家。

东家共有三位创始人。朱见山是董事长，CEO俞海华曾任浙大网新投资总监、杭商创投副总裁，CTO 音磊是阿里巴巴前员工。俞、音二人曾合伙创办婚宴预订网站，两年后以失败告终。回归正常工作不久，按捺不住创业的冲动，两人再一次双双辞职，"先出来再说"。

先决定创业再想项目，难免纠结于方向。他们先后讨论了 P2P 金融、二度人脉等许多可能，都觉得没底。最后，平日爱好中国传统文化的俞海华想到，是不是可以围绕茶做一个互联网项目。打不定主意的他去朋友朱见山的茶室喝茶，一聊之后发现，朱见山对茶、茶周边以及茶社交早有想法，不仅有多年积累的茶界资源，也已经在筹备做个人茶空间品牌。见此，俞海华立即撺掇朱见山入伙。

与身处互联网圈的俞、音二人不同，朱见山更像是不羁的艺术家，写字、喝茶、设计器物，虽也有创业抱负，但丝毫没想过与热闹的互联网有什么瓜葛。用他自己的话说，对互联网"虽不反感，但不亲近"。

不过，俞海华的来访在朱见山心里激起了涟漪。当天晚上，他一口气看完了中央电视台出品的 10 集纪录片《互联网时代》，直看到凌晨 4 点半，窗外已是天光熹微。"很激动，心潮澎湃，差点流眼泪。"朱见山说，"没有工业革命，中国落后两百年；没有互联网，也许是上千年的黑暗。我们这个年纪的人最看重的就是平等和参与。"

俞海华一天后打电话过来,朱见山决定"一起试试"。2014年11月,三个人和一个招来的UI设计,喝了些黄酒,团队成立。

他们最初的想法是做一个茶叶的"大众点评"App。茶叶是半成品,本质上是农产品,市场上几乎没有统一的评价标准。他们计划在积累起一定用户后,用每天免费配送1 000份茶叶的方式,广泛收集评价信息,逐步建立起茶叶的专家标准和用户标准,时机成熟可转至销售。当时,礼品茶市场受到反腐的冲击,茶商正急于拓展渠道,朱见山很快找到了一批赞助商。

在正式推出App之前,团队先注册了一个名为"开泡"的公众号积累人气,打法简单粗暴。他们找来写手,每天撰文推介一个泡茶的美女,待App开发完成便可进行导流。

可是,事情并未按照既定的路线发展,两个多月后意外出现了。

"我们刚进入时,对互联网的深层理解不够。当时陌陌刚上市,创业圈流行得'屌丝'者得天下,我们只想着抓人眼球。"朱见山回忆。而且,在当时流行的"互联网思维"的影响下,团队一味追求快速试错,很多事情做得很糙,调性也与后来的东家有云泥之别。

"屌丝"路线最终带来了致命的问题。2015年春节前,App开发完成,却因一个词胎死腹中。他们在App里设计了一个与

3 东家：一个匠人平台的东方生活梦

附近的人约茶交流、以茶会友的社交功能，为博眼球起名叫"约泡"，结果被苹果商店以有黄色嫌疑为理由，拒绝上架。

朱见山开玩笑说："这是乔布斯在帮我们，他在地下看不下去了，我们这么有格调的几个人，在做这么 low 的事情。"

开泡 App 的意外夭折逼得整个团队开始反思此前的方向和打法，也因此有了后面的东家。

飞越冷启动

做平台，顺利度过冷启动期最为关键。

从头再来。很快，他们选定了新名字"东家"。一方面，它是"东方生活家"的简称，是此前茶生活的自然延伸，也意味着未来更大的拓展空间；另一方面，"东家"一词给人殷实富足之感，与目标人群阶层相符。

怎样才算是"东方生活家"？朱见山清楚地记得，自己当时在白板上写下两条路径：一是做匠人平台，朱见山在见山堂时便有设计茶器及周边家具的经验，与匠人打过交道；一是围绕琴棋书画诗酒茶，做中国传统文化培训平台。经过表决，团队选定前者。

做平台，顺利度过冷启动期最为关键，东家选择先从平台的一端入手，迅速汇聚匠人。

考虑到真正优秀的匠人多在线下，他们找来一位线下业务拓展经验丰富的猛将，组建起10人左右的团队，集中力量在全国范围内寻找匠人。线索来源主要有四个：一是参考政府在非物质文化遗产、文化创意项目方面的名录；二是通过各地美术院校寻找从事相关工作的毕业生；三是去宜兴、德化、景德镇等传统工艺积淀深厚的地方探访；四是在网上发掘一些小众艺人。

从2015年4月启动大规模线下搜寻，到5月22日App正式上线，东家在一两个月时间里迅速招募到1 000多个匠人。

在另一端的用户方面，东家并未刻意引流，除了导入此前通过公众号"开泡"积累的用户外，2015年3月开设了新的微信公众号"i东家"重点运营，首篇介绍匠人的文章便以给范冰冰做过首饰为噱头，获得了1万多的阅读量。

初期，平台主打匠人作品的展示和社交功能，并未引入交易。2015年7月，平台增设"询价"按钮，用户可以就感兴趣的产品向商家自行询价。东家虽不从中抽佣，但可从后台信息推测交易规模。观测到月交易额超过百万元之后，东家加快了交易功能的开发。2015年10月22日，增加交易功能的新版App上线，第一个月的实际交易额就超过百万元。

但没过多久，又有问题暴露出来。由于过分追求交易规模的增长，东家在匠人把关和品控方面有所放松，加之最初阶段为了快速积累匠人，所设门槛不高，招募过程中难免泥沙俱下，最后导致一些产品调性不对、品质低劣，用户口碑不佳，东家的品牌形象大受伤害，销售增长缓慢。团队再一次被沮丧、迷茫、压抑所笼罩。

意识到必须改变后，2016年4月起，朱见山与俞海华亲自上阵带运营团队，重新进行品类规划，将茶周边产品、首饰确定为东家的核心旗帜产品，弱化服装等竞争优势不明显且难以进行品质控制的品类，淘汰不合格的匠人，在匠人准入、产品品控、运营团队建设等方面加大投入力度。经过整饬，此前入驻的匠人被淘汰三分之一。如今，平台上的2 000多位匠人大多都是东家主动上门邀请而来，通过线上申请渠道入驻的匠人不到10%，没过多久，东家的销售额明显回暖，最近数月的增长率达到80%～100%。2016年7月，销售额突破千万元，平台走上发展正轨。

摸高一跳

运营挑战不是一般的大：产品高度非标，供应链相当不稳定，面向长尾市场，客单价高……

作为一家非传统的电商平台，东家面临的运营挑战不是一般的大：产品高度非标，供应链相当不稳定，面向长尾市场，客单价高……有观察者将东家的模式称为"全球电子商务的摸高一跳"。

朱见山等东家的创业者曾一度为模式苦恼，搞不清到底是热闹重要，还是买卖重要，不确定是否要像其他互联网企业一样，把提升日活量等作为核心指标之一。现在，他们不再为此纠结。"如果一天能卖一个亿，只有两个人来买，又有什么关系？也许这就是消费升级后的新型电商模式。"朱见山说。

截至2016年7月，东家的60多万用户里，有过付费购买的有2万多人，日活跃用户在1万多人，平均客单价超过800元，第一次出手就超过1万元的不在少数，曾有24万元的两件首饰在一天之内被卖掉。这些都给了团队信心，他们决定探索一套属于自己的电商模型。

与朋友圈竞争 能让用户在无法直接感知商品的情况下作出线上购买决定的最重要前提是：高度的信任。俞海华说得直接，东家最大的竞争对手其实是微信朋友圈。

东家平台采取C2C运营模式，即由入驻匠人自行上传产品说明，用户直接从匠人处购买产品。与照片是否漂亮、描述是否精彩相比，东家最为重视的是"真"。"比如你卖沉香，就必须是达到一定密度的沉香，不是常被混为一谈的沉香木。再比如一件玉器，必须讲清楚籽料是新疆的、俄罗斯的还是青海的。这比美更重要。"俞海华说。

除全平台采取入驻前多重审核、入驻后抽查、对假货零容忍等手段保证商品品质外，重点类目商品的运营标准更高。比如首饰类商品，东家不仅有7天无理由退货的规定，还从拍卖行、珠宝鉴定机构、珠宝商家招募了专业运营人员，严把质量关。目前，东家正在围绕重点类目打磨自家的准入标准，虽并未公开，但外界已有直观感受。"淘宝上有一个主打家居产品的极有家栏目，内部有一个不成文的规定，只要是东家认证过的卖家产品，它们直接开绿灯。"曾负责运营一段时间的音磊说，"这套标准现在是我们运营的核心，属于'商业机密'，等到一定阶段，用户有了解需求的话，我们就会公布。"

作为处于成长期的平台，东家的软肋一度十分明显，除了售后服务最初就抓得很紧外，包装、物流、商标完备度等一些服务环节仍有待完善，常会影响用户体验。但一开始就强制所有匠人遵从统一的服务标准并不现实。考虑到"二八法则"，东家最先对一些活跃的合作匠人提出要求，将服务达标作为品牌推广的基本条件。这个群体的改变明显带来用户观感的提升，同时在整个平台起到示范效应。

"这部分是要下苦功夫的，跟纯线上的社交产品不一样，服务要一点点去做。最近仅仅是一个东家与匠人品牌的联合包装，就已经打了好多来回，做了两三个月。"音磊说。

"撩拨"用户的　匠人、产品、用户有了，东家运营团队接下来最重要的工作就是通过探索各种工具、玩法，将匠人的产品与用户的需求进行有效对接。目前，东家较为成熟的项目包括押窑、拍卖、直播等。

2016年五六月上线的押窑最为典型，既有鲜明的东家特色，能够有效地撩拨用户胃口，形成了一条完整的体验链条，还在一定程度上解决了匠人的"定价问题"。

所谓"押窑"，即为民间所说的"赌窑"。以在东家上颇受欢迎的现代柴烧器皿为例，其以普通薪柴为原料，不对柴灰、火焰等进行精准的控制，一窑数百件作品，每件作品表面的火痕及落灰成釉的效果都不尽相同。参与押窑的用户需按照事先的定价提前购买，最终拿到作品的价值或高或低，全看运气。

"押窑跟买一件东西的心情完全不一样，用户对最终的成品会有很高的期待，对活动有很强的参与感。"俞海华最常跟运营团队强调的一句话就是"超越性价比"。东家上的东西往往是各花入各眼，每个人心中对所谓"性价比"的判断都各不相同，而运营最重要的是"找到拨动用户心弦的那个点"。押窑做到了，截至目前，共举办十几次押窑活动，每次活动中的数百件作品都

3 东家：一个匠人平台的东方生活梦

能在短时间内全部订出。

说是玩心跳，但从用户的心理角度考虑，东家的押窑基本能保证绝大多数用户"只赚不赔"。押到难得一见的极品的用户自不必说，多数用户拿到的"良品"价值也高于或基本等于出价，即便少数用户押到了次品，东家也会用随机赠送一个良品或者全额退款的方式补偿用户。

更有趣的是，东家还围绕押窑开展一系列体验活动。比如，在某次柴烧作品的线上押窑结束后，东家会带用户去烧窑地景德镇，在开窑前带用户参加当地市集，走访当地的匠人，开窑前还会举办开窑Party，最后，大家聚集到柴烧匠人那里亲眼观看开窑过程。这一系列活动在东家以及合作平台上进行直播。

黏住匠人 作为平台的"灵魂"，匠人的黏性如何维系是另一个关键。

首先，匠人要在东家卖得出东西，赚得到钱。前面所说的押窑，不仅用户爱玩，对匠人也有相当的吸引力。以某次柴烧窑的活动为例，整窑产品在东家的总售价为十余万元，其实际价值比这个数字要高，看起来似乎匠人会吃亏，但通过普通途径出售一整窑产品需要的周期很长，一年做不了几窑。而通过东家押窑，只需要一个月左右便可全部售完，整体仍然划算。目前，已有几十位长期参与东家活动的匠人，收入的一半以上来自东家。此外，东家还会通过媒体、官方协会等资源，帮助优秀匠人进行品牌推广。

在俞海华看来，对匠人来说东家还有一个极其重要的价值是，这里能让他们找到归属感。"比如我们这里一把缂丝扇子能卖到三千块钱，淘宝上就很少有人能理解这个东西，甚至有人开玩笑说一把扇子怎么比一台空调还贵。很多匠人觉得在东家能够有尊严地做生意，这是其他一些平台不具备的。"

天网＋地网

东家真正想要提供的，其实是一种生活方式。

在继续夯实线上基础的同时，东家最近也开始谋划线下布局。

"线下体验对高客单价的商品来说非常重要，不触摸、不面对终究还是有限制。在线下场地可以搞表演、培训、直播，像诚品书店一年可以办300多场活动。此外，从线下还可以引流到线上。价值无限。"朱见山是东家走到线下的坚定支持者。目前，东家正在考虑开设线下体验馆。

东家套用阿里菜鸟的名词，将线上和线下要做的事情分别称

3 东家：一个匠人平台的东方生活梦

为"天网"和"地网"。在其设想的"地网"中，东家体验馆只是节点的一部分。

"未来，我们会以自己开的线下体验店为核心，辐射到周边区域的相关供应商，构建起一个东方美学的生活方式空间。比如高端茶馆、素食餐厅、插画培训班、高端民宿，还有博物馆、美术馆，它们都是这张大网的连接点。"俞海华描绘道。

他再一次强调，东家的定位是东方美学生活方式平台，东家真正想要提供的其实是一种生活方式。"前面围绕押窑的线下体验活动就是一个代表。再比如，我们还出售琥珀原石，配上砂纸、线等工具，你可以自己磨，不会的话可以去匠人的工作室，他们免费教你磨、教你造型。我们还想过在采蚌的季节组织用户去采珍珠。这些才叫生活方式。所以，很难定义我们的商业模式到底是什么。"

目前，东家还处于纯投入的阶段，从未向匠人或用户收过一分钱。"要先让大家在平台上玩起来。我们未来一定会收费，但不一定是简单的全平台抽佣。"目前，类似押窑线下体验等项目已经有了收费的基础，但俞海华认为没必要。"一旦收费，肯定是规模化的、建立在一个模型的基础上，做一件事收一点钱，没有意义。"至于收费的时间表，俞海华表示，也许等平台销售额达到1亿元的时候，他们会考虑启动。

东家不急于变现的另一个原因是,他们相信自己正站在风口上,不管现在风来没来,东方文化回归的趋势已显而易见。

"'春江水暖鸭先知',我就在水里面。我写过书法,做过茶和茶器具,最近几年身边无数人在问:朱老师,这支毛笔在哪里买?这个砚台在哪里买?这个茶器买得到吗?为什么过去宣纸涨了7倍,砚台涨了10倍?未来一定大有可为,就是这么简单。"朱见山说。

4 一家逆天的创意市集：有人在那摆摊就成了爱马仕供应商*

全球最大的手工艺品销售平台ETSY在2015年4月上市了，加上消费升级的大风吹起，国内诸多主打创意、个性、设计产品的电商平台似乎多了一分希望。但现实是残酷的，个性化商品的平台路并不好走，惨淡经营、个性尽失者不在少数。选择从线下切入的鹦鹉螺市集提供了不同的思路。

1987年出生的王伟旭如今已是上海一位小有名气的领结设计师，在一栋老洋房里拥有一间颇具复古风情的工作室，令人艳羡。

---

* 本文作者罗真。原载于《中欧商业评论》微信公众号2016年6月8日推文。

就在两三年前，他还是一名普通的公司职员，作品只能摆在朋友的咖啡馆里展示。曾两次为此创业，却皆因难以养活自己而重返职场。与鹦鹉螺的相遇改变了这一切。

"鹦鹉螺"是一个源自线下的创意市集品牌，主打手工艺品、古着古玩等个性化商品。2013年的一天，创始人张磊与合伙人无意中发现咖啡馆里的创意领结，随即向王伟旭发出邀请。

第一次到鹦鹉螺摆摊，王伟旭便将数年的存货全部卖光，两天挣的钱超过之前一个月的薪水。后来他带着新的作品来到鹦鹉螺，被东京时尚展评委会工作人员发现，应邀参展，在东京又被爱马仕高管看中……不到一年，王伟旭实现了华丽丽的转身，成为爱马仕年度VIP答谢礼的供应商。领结设计也正式成为事业。

作为一个线上线下结合、主打个性化商品的平台，鹦鹉螺的线下部分已相当成熟，市集规模为国内最大；线上发展势在必行，但受制于商品的特殊属性，普通电商模式很难一下走通，需要更好的设计与更多的耐心。

在张磊看来，鹦鹉螺眼下最重要的是尽可能多地吸引、挖掘、孵化像王伟旭这样的独立设计师、手工艺人。这不仅是鹦鹉螺持续扩张的基础，也为其商业模式的创新提供了更大的想象空间。

4 一家逆天的创意市集：有人在那摆摊就成了爱马仕供应商

起步：阿里巴巴前 CEO 的"临门一脚"

见到张磊时已是下午 2 点，他还没顾上吃午饭，助理把几袋看起来难以饱腹的零食推到他面前："没有面包了，你就吃这个吧！"直到采访结束，张磊始终克制地保持着礼貌，食物丝毫未动。

2013 年创立的鹦鹉螺市集是一株"新芽"，2015 年上半年获得来自洪泰基金、新进创投的天使轮融资，以及政府相关文创类孵化补贴近千万元人民币，目前，正在为 A 轮融资做准备。

鹦鹉螺并非张磊的第一次创业，但目测应是最符合其自身气质的一次：他不喜欢带有工业时代气息的产品，喜欢去全球各地的跳蚤市场，淘一些奇奇怪怪的东西；头发向后扎起，戴着颇有味道的饰品，文艺青年范儿十足；朋友圈里的宠物是一只母蜥蜴和它的崽崽、蛋蛋……

张磊还有两位合伙人，分别来自媒体圈和设计圈。"臭味相投"的三个人曾经兴冲冲地去逛上海早期的几场市集，结果发现，"调性不对，人群不对，商品不对，组织方式也不对"。他们开始琢磨，要不要自己做一个？

嘉御基金创始人、阿里巴巴前 CEO 卫哲给了点子落地"临门一脚"。2012 年年底，张磊偶然在某次活动中听到卫哲的演讲，卫哲的一个判断让他颇受鼓舞。"当时还没有'消费升级'

这个概念，但卫哲已经提到这个趋势，就是说年轻人越来越喜欢个性化的东西，淘宝模式五年内就会受到冲击。"

个性化商品＋线下创意市集，看起来是一个理想的结合。

经过半年多的筹备，2013 年 8 月，鹦鹉螺市集的第一场活动在上海可当代艺术中心举办。几个人充分利用了各自在圈子里的影响力，加之活动确实有趣、有特色，上海媒体争相报道，第一次的购票队伍就排了几十米。

开始只是三五个人兼职在做。一年多之后，张磊他们发现，B 端（商户）和 C 端（顾客）的数量每月都在以 100%～200% 的速度快速增长。消费升级的概念也正式被提出，趋势日益明显。鹦鹉螺正式启动公司化运作。

线下：靠谱的"造血端"

鹦鹉螺的线下市集一开始就有营收，目前的来源包括以下几部分：一是商户缴纳的摊位费；二是门票收入，某些场次的活动要求购买门票才能进入，以保证顾客拥有一定的购买力；三是活动赞助费；四是场地赞助费。

其中，场地赞助费是最近冒出来的一块收益。最早，鹦鹉螺要向场地提供方缴纳使用费。近来商业地产在电商的冲击下受挫

4 一家逆天的创意市集：有人在那摆摊就成了爱马仕供应商

严重，亟须为消费者提供线上无法提供的体验，鹦鹉螺成为理想的引流伙伴。"2015 年，我方付费和场地方付费大概一半一半，或者双方免费；2016 年，场地方付费的情况占了大头。"

现在，鹦鹉螺的每一场线下活动都有纯利。2016 年，鹦鹉螺增加了活动的频次。从 3 月份起，每月的活动达到十几场，两个月的场次就超过以往一年的总数。按照眼下的活动频次，线下收入已足够养活 30 多人的团队。

问题随之而来。一是，这么高的频次，团队做得过来吗？

"2015 年我们做得最大的一件事就是把市集的执行流程标准化了。从前期的商务谈判、场地确认，到定时间、定合同，一直到策划、招商、执行、宣传……"

以商务谈判环节为例，鹦鹉螺像广告公司一样，对外提供明确的刊例，按照活动规模、是否购票、合同是年度还是单次等，将活动划分为几种级别，有明确报价。

"每个步骤标准化之后，就只需要很少的人去参与，只要按照 SOP 往里填人和工作内容就可以。我们现在一个活动总负责一个月可以同时盯 8 场活动。"张磊说。

二是，这么高的频次，消费者消化得掉吗？

张磊认为不需要担心。首先，在上海等大城市会有多个区域中心，人流不同。同样一个主题的活动在五角场、徐家汇、淮海路轮流举行，来的人基本不重复。第二，鹦鹉螺的活动主题每月甚至每周都有变化，机车、复古、创客……不同主题的活动邀请的商户、展示的产品都有区别。第三，由于鹦鹉螺拒绝大规模批量生产的商品，即便是相同的摊主，每次拿出的商品也不一样。

张磊相信，以上三点能够在很大程度上保证消费者对鹦鹉螺市集始终怀有期待和新鲜感。"如果一个用户每年能够关注我们三到四次，也就是一个季度来玩一次，就够了。"

鹦鹉螺市集的形式也并非单纯的商品售卖，而是像国外市集一样，设有演出、美食等现场互动环节。售票活动的形式更加丰富。在一场以20世纪80—90年代像素风为主题的活动中，现场还设置了游戏区，游客可以拿起手柄，重温超级玛丽、魂斗罗等儿时游戏。

目前，鹦鹉螺线下市集多在上海、杭州举办，2016年计划拓展到成都、南京、北京等更远的城市。与国内其他一些零散的市集品牌相比，鹦鹉螺在规模、知名度以及产业化成熟度方面都已建立优势。

线上：个性化商品与电商"水火难容"

与线下发展相比，鹦鹉螺在线上的探索充满曲折不少，这也成为影响投资人痛痛快快砸钱下来的一大因素。

张磊并不缺少互联网领域的经验,他的第一个创业项目就是化妆品电商。2014年下半年,考虑到线上的扩展能力肯定会强于线下,鹦鹉螺市集推出1.0版本的网站。结果发现,事情没有那么简单。

"我之前做过网站的营销运营,对流量成本非常敏感。鹦鹉螺是以线下为基础向线上导流,流量成本低了很多。没想到却出现了意料之外的难题。"

这个难题就是:个性化商品的认知成本极高,线上的购买转化率很低,与电商平台追求的运营效率有冲突。

鹦鹉螺已有线下市集为消费者提供当面触摸、感知、交流商品的机会,一定程度上降低了认知成本。即便如此,由于此类商品的特点是不重复,消费者仍然不会轻易根据在线描述去购买一个缺乏定价参考的商品。

国内一些设计电商平台同样为此头疼不已。最开始,它们往往还能保持个性、原创、调性,但流量一旦增加或者资本一旦进入,开始关注用户量、转化率、复购率等指标后,问题便随之出现。由于线上描述至关重要,此类网站往往采用B2C模式,由官方运营把控,成本不低。而个性化商品的SKU数量极多,难以通过标准化将运营成本摊低。不少网站到最后只好增加一些标准化的商品，平台"变味"、用户流失。

一方面"太像电商"，一方面外包的质量也不尽如人意，鹦鹉螺市集网站的 1.0 版本被砍掉。2015 年下半年，网站推出 2.0 版本。2015 年年底，App 上线。

目前，鹦鹉螺网站和 App 的主打功能定位均非销售。面向 C 端，强调晒物分享的社交属性，电商只是顺带；面向 B 端，提供活动报名、收款付款、服务申请等基本工具，同时为其提供展示平台，聚集粉丝。

未来：设计师 IP 孵化器

关于鹦鹉螺当前的发展重点，张磊很明确：先抓 B 端。

消化产能黏住商户

目前，鹦鹉螺聚集了 2 000 多家商户，一年至少参加 4 次活动的高活跃度商户超过 1 300 家。张磊对平台的黏性有信心。"设计电商、淘宝等线上渠道平均能消化掉这些商户 10%～20% 的产能。在鹦鹉螺线下一个周末的销量，经常跟他们一个月的线上销量相当。"

4 一家逆天的创意市集：有人在那摆摊就成了爱马仕供应商

令张磊颇有些自豪的是，一些原本只能将设计手工当业余爱好的人靠鹦鹉螺实现了职业自由。"最开始来鹦鹉螺市集摆摊的人几乎都是兼职。现在我们平台上的2 000多个商户中，大概15%成了全职，也就是说300多个人跟着我们就能吃饱饭了。"

张磊希望2016年鹦鹉螺商户的数量增长3～5倍，其中，有50%的人变成全职状态。

他认为这并不困难。"其实，很多人只要月收入过万就愿意全职做这件事。这种商品的毛利率在70%左右，算上运营成本，营收2万就能实现月入过万。我们商户单天的销售额平均在5 000元左右，2个周末就能实现2万元营收，剩下26天他就可以游玩、创作。"

渠道拓展和前后端服务

除了提供产能消化空间，鹦鹉螺也在积极寻找其他手段孵化设计师。"目前，国内个性化商品的产能是远远不够的，消费者的购买力远大于产能，所以，我们先得把B端孵化起来。"

比如，扩展线上、线下的展示销售渠道。鹦鹉螺在跟地方政府谈合作，以"前店、后作坊"的形式开发园区；跟迪士尼达成战略合作，提供定制纪念品；线上众筹、静态展等也在计划中。

再如，提供产业前后端的服务。鹦鹉螺正在跟第三方商量成立孵化基金，为设计师提供资金支持以扩大产能。目前更多是后端服务，比如提供参加国际设计展的机会、进行各种形式的宣传。

个性化商品产能数据库

此外，为了对商户产能有更好的把握，鹦鹉螺已经在有意识地构建设计师数据库。

"商户在初次报名参会的时候，都要填一套表格，除了基本信息和商品图片外，还会请他们填写详细的个人档案，包括身高、体重、年龄，包括每个阶段制作的产品品类、客单价等，并进行跟踪。"

这套系统目前已经在发挥作用。"假设我们想举办一场皮具主题活动，就会通过数据库看，举办地是不是有足够多做皮具的人支撑。假设我们想进军成都，就可以先看下商户里的成都人占多少，需要多少外地商户支持。"

打造设计师IP

在张磊的设想中，鹦鹉螺市集的盈利模式分为三个阶段。

4 一家逆天的创意市集：有人在那摆摊就成了爱马仕供应商

第一个阶段，以线下收入为主。

第二个阶段，计划在今年 8 月份左右，设立孵化基金，综合摊主的销售状况和线上数据，提供配套服务；帮助摊主逐步商业化，孵化更多独立设计师，帮其走向普罗大众。

第三个阶段，通过前期筛选，签约重点设计师，投资入股，加强数据分析，实现深度绑定，未来从成功的设计师 IP 身上获得股权分红。

"鹦鹉螺市集会在线下制造更多孵化 B 端的场景，利用线上工具分析数据、整合服务来帮助商户和自身迅速成长。"张磊说，"摩登天空通过草莓音乐节搭建接近用户的场景，背后对接独立音乐人 IP 的孵化体系。鹦鹉螺要做的跟它类似，我们孵化的是独立设计师 IP。"

第二部分
有文化

5　故宫变萌记*

故宫博物院在文化创意产品领域变革频频，传统与时尚、严肃与戏谑、"高大上"与"软萌贱"，形成一种奇妙的融合。

2015年10月10日，故宫博物院迎来九十华诞，建成于明代永乐十八年（公元1420年）的紫禁城此时已近600岁。10月14日，虎嗅网发起一场名为"2015最受尊敬的脑洞"的年终评选，"故宫淘宝"赫然在列，其入选理由为："在最装逼的主流文化中心闯出一条太有趣的电商路"。同一个时点，传统与时尚、严肃与戏谑、"高大上"与"软萌贱"奇妙融合。

明显的变化始自2014年。不知从哪天起，"萌萌哒"忽然成了

---

* 本文作者罗真。原载于《中欧商业评论》2016年第1期。

古老故宫的新标签，一众与人们印象中的故宫气质大相径庭的作品在网上疯传：朝珠耳机、顶戴花翎官帽伞、"朕就是这样汉子"折扇等令人脑洞大开的文创产品，"雍正：感觉自己萌萌哒"等以历史画作为基础创作的趣味动态图片，《朕有个好爸爸》等网络流行元素满满的产品营销文案……数百年来一直严肃端坐的紫禁城冷不防露出萌态可掬的一面，人们又惊又喜，反响热烈。以故宫淘宝为例，其在 2010 年开通的同名新浪微博粉丝超过 41 万，在微博已相对势衰的今天，所发内容的评论数仍常常过千；2013 年 9 月开通的同名微信公众号也已有几十万粉丝，频现阅读量 10 万以上的爆款文章。

其实，备受关注的"萌萌哒"系列只是故宫博物院近两年在文化创意产品领域变革的动作之一，与之同步进行的还有许多在定位、思路上与之不尽相同的尝试。最重要的是，"萌系"产品成功激起的市场反应，让故宫清楚地看到自身文化的吸引力和潜在的巨大需求。

海峡对岸的推手

台北故宫博物院推出"朕知道了"胶带，可谓此次变革最直接的导火索。

宽泛地说，故宫的文创产品研发工作由来已久，如今负责文创产品研发的故宫文化服务中心早在20世纪50年代初便已成立。但在很长一段时间里，故宫售卖的产品都只能称为旅游纪念品，并无创意可言。产品主要包括两类：一类是故宫藏品的复制品，如复制的瓷器、钟表、书画等；一类是从各地小商品市场批发来的小玩意儿。前者虽历史感、文化感强，且不乏做工精美者，却因为与现实距离远、实用性差，难以得到普通游客的青睐；后者普遍缺乏特色不说，还常常质量低劣。

变革是逐步发生的，国家相关文化政策的改善以及大众文化需求的增强是重要背景。如果非要给故宫博物院这场引发关注无数的变革确定一个起点，台北故宫博物院推出"朕知道了"胶带，可谓是最直接的导火索。

2013年7月，台北故宫博物院在某知名社交网站的粉丝团贴出一款由康熙真迹字样组合而成的纸胶带，印有"朕知道了"四个大字，出处是康熙在批阅奏折时常用的批示语。这一既有历史渊源又霸气有趣的设计立刻在网络上引发海峡两岸民众的疯传。北京故宫博物院院长单霁翔在某次采访时透露，之后不久，故宫博物院便收到来自国务院领导的批示，提到台北故宫博物院的文创产品做得不错，可以借鉴。他和副院长分别带队去台北故宫博物院，对那里的文创产品商店进行考察。加之近两年国家鼓励博物馆大力发展文化创意产业，改变的步伐就此加快。在很大程度上，这是一场自上而下推动的变革。

作为常被拿来比较的对象，台北故宫博物院的文创产品开发起步比大陆地区早，面向民众的宣传普及也更加到位。在台湾地区，许多普通民众都能说出翡翠白菜、肉形石、毛公鼎等"明星藏品"的名字，台北故宫博物院的文创产品研发也多以这些藏品为中心，如翠玉白菜伞、肉形石耳机孔保护塞等，消费者一看即知其出处，接受度很高。

与台北故宫博物院不同，北京故宫博物院既是以明清皇室旧藏文物为基础的古代文化艺术博物馆，还是明清紫禁城建筑群与宫廷史迹的保护管理单位。普通游客置身其中，会很自然地被宏伟的建筑吸引，希望能体验皇家生活，但对宫内的诸多藏品却不甚了解。在此背景下，故宫成功寻找到一条切实可行的设计思路，并由此实现破局：既能让人直接联想到宫廷生活，同时兼具现代设计感和实用性。

故宫淘宝主打的"故宫娃娃"系列便属于此类。无论是以皇帝皇后为原型的摇头娃娃，还是御前侍卫手机座、八旗勇士不倒翁、皇帝狩猎便签夹盆栽，都迎合了人们对宫廷生活的想象，实用有趣，获得热捧。遵循这一思路的明星产品朝珠耳机还在2014年11月的第六届博物馆及相关产品与技术博览会上获得了"十佳文创产品奖"，其引发的社会效应由此可见一斑。

从创意到文化 Vs. 从文化到创意

如果说"故宫娃娃"代表的方向是"先有创意,后加文化","俑仕相伴"晴雨伞便是"先有文化,后想创意"。

以"故宫娃娃"为代表的系列产品使人们对故宫产生了亲近感,但其并非唯一的文创产品开发思路。要真正传播故宫所承载的传统文化,尤其是充分挖掘故宫内 180 余万件珍贵文物藏品的价值,"让深藏在禁宫中的文物活起来",此类产品显然有些单薄。"故宫娃娃"虽然也包含了传统宫廷服饰元素,但往往都做了相当大的简化,并非文化传播的最佳载体。

目前,国内多数创意设计团队擅长的都是创意,对传统文化认识不深。这正是故宫在此次变革过程中遭遇的主要瓶颈之一。"无论研发人员,还是消费者,在对故宫文化的认识上,还有一些不尽如人意的地方。如果一个产品设计师不了解故宫文化,是无法做出有故宫文化特色的设计的。"故宫文化服务中心的工作人员表示。

正因如此,2013 年成立的凝一文化成为故宫文创产业众多合作伙伴中的另一支主力部队。与"故宫娃娃"不同,他们的产品代表的是故宫文创产品开发的另一个方向——以故宫藏品及其包含的传统文化元素为出发点,寻找合适的载体进行呈现。

最近在网上传得很火的一对晴雨伞便是他们开发的产品之一。该伞的创意元素源自唐代陶彩绘女俑和唐代陶彩绘胡人俑。最抓人眼球的伞帽用的是立体的陶俑头部形象，色彩和质地很"复古"，一眼便能感知历史的沧桑；最下面的伞托分别是白色和黑色的靴子；伞收起来系上扣带，青灰色和暗黄色的伞身就像是带着皱褶的衣服。这一对伞名为"俑仕相伴"，宣传语也颇有调调：千年一瞬，永世相伴；缘如晴雨，聚散两依。

这对晴雨伞是命题作文的产物。为了配合故宫博物院九十周年华诞的一系列展览，2015年3月，院里专门召集一些研发能力较强的合作伙伴进行专题培训，请院里专家对展览所体现的文化以及文物展品背后的故事进行解读，提出产品的创意点，让合作伙伴在此基础上进行随展产品的研发。这对伞便是围绕其中的雕塑展设计的产品之一。

"从某种意义上来讲，雕塑展其实并不好做，很多雕塑在现代人看来并不算'美'。而且出于文物保护的目的，在文物展出之前我们也是看不到实物的。"凝一文化总经理洪洋说。凝一团队的骨干力量均为文博相关专业出身，读大学时便常去故宫参观，毕业后也一直在传统文化领域工作。"我们学的就是传统文化，而且在相关行业工作很多年，积累了许多经验。我们能根据故宫博物院提供的相关资料，仅通过一张正面的平面图推断出那个陶俑的背面大概是什么样的,换了别人可能很难做到。"

因为创意独特,原本为雕塑展设计的伞被提早放在10月午门雁翅楼举办的"万寿庆典"展览中,第一天上午就卖了100多件。后来伞的图片被上传到网上,同样引发追捧热潮。"一旦找对了点,不用多说什么便能让大家受到触动。中国人的血液里有一些共同的文化的东西,第一眼看到你就会特别喜欢,没有理由。"洪洋说。2015年12月,他们新开发的五彩十二月花卉纹杯创意台历再度热卖。

如果说"故宫娃娃"代表的方向是"先有创意,后加文化","俑仕相伴"晴雨伞便是"先有文化,后想创意"。2015年,故宫博物院开设了自己的文创产品官方网站——故宫商城,同时陆续在京东、1号店等电商平台开设官方旗舰店。其中的产品定位与故宫淘宝店有较为明显的区隔:官方旗舰店里的产品更注重文化内涵的体现,与故宫淘宝的产品形成差异化互补。

在跟头中成长

文化创意产品虽然重在创意,但第一步必须提供消费者需要的基本功能,让他们拥有良好的使用体验。

尽管找到了可行的方向,但真正把路走好仍障碍重重。故宫博物院的文创产品研发只有短短数年时间,即便扩大到整个国内市场,真正与以博物馆藏品为代表的传统文化相结合的文创产业也刚刚起步。因此,无论是故宫博物院还是外部团队的文创工作者,都在摸着石头过河。

曲高和寡的牡丹纹皮垫 故宫是一个巨大的文化资源宝库,凝一团队刚刚"闯入"时十分兴奋,想要表达的愿望过于强烈,以至于常常用力过猛。"我们开始时特别想告诉大家,我很懂这个东西,这个东西很特别。但就像打球,劲儿要是没使对地方,怎么打怎么累。"

在他们早期设计的产品里有一款"富贵牡丹"纹皮垫,看起来没什么特别,实则大有来头。这块皮垫上牡丹花纹的原型来自故宫里一件有名的藏品——明永乐年间的剔红牡丹纹圆盒。"你现在看到的花的样子跟宫里真的藏品一模一样,它原本是一件漆器。漆器是中国传统工艺美术的重要分支,制作时先在胎上刷上一层又一层的漆,待漆层变得非常厚之后,在上面进行雕刻。我们之所以选择皮子作为载体,也是因为雕皮的感觉跟雕漆最像。"

设计完成后,他们把样品拿给身边的朋友看,大家都觉得很棒,也顺利通过了故宫相关部门的审核,送进商店后却发现卖不动。游客们看到产品时的典型反应是"哎呀,这是什么东西","这个花好像也没什么特别嘛"。"后来我们才想明白问题出在哪儿。我们自己对这个产品当然是有概念的，身边的朋友和故宫的工作人员也都懂，一看就知道这仿的是雕漆工艺，花纹来自院里的藏品，所以特别喜欢。但对普通消费者来说，文化门槛有点高。"

类似的情况还有不少。最初产品遭遇挫折时，凝一内部还曾有过讨论：是不是来故宫的游客层次偏低？但其实并非如此："去台北故宫、卢浮宫的其实都是差不多的人，为什么到了人家那里就能买？问题还是出在我们自己身上。你给人家讲个故事，不能赖人家听不懂，只能怪自己讲得不好。"

三年使不完的便签纸　　洪洋的团队大多跟他一样，出身传统文化领域，对大众消费品市场并不熟悉，这同样让他们走了弯路。洪洋的桌子上放着一包未开封的"平金百蝶纹"便签纸，外包装的设计很别致，底色为黑色，纹样是一只只金色的蝴蝶，设计元素取材于清代的"石青色缎平金百蝶大襟夹褂"，是宫廷后妃穿的一种便服。

提取纹样元素很简单，这次是规格设计出了问题。这包便签纸四四方方，厚度几乎是常见便签纸的三四倍。"后来我们碰到一个搞零售的人，他说你们这便签纸，使三年都使不完，你怎么卖？"

洪洋后来总结，文化创意产品虽然重在创意，但第一步必须提供消费者需要的基本功能,让他们拥有良好的使用体验。"比如一件创意 T 恤衫,首先必须先让人家穿着舒服,然后才能给他讲故事,告诉他这上面的图案出自什么地方。如果洗两次就没法穿了,创意也无从谈起。"

两年下来,故宫在把握市场脉搏方面日益娴熟。一件产品上市后,基本上每三个月都会根据实际销售数据进行一次统计调整。如果产品畅销就追加生产订单;相反,则会对产品的售价及销售渠道作出相应调整。这让它走向寻常百姓家的步伐越来越快。

我的杯子怎么了　国内博物馆文创工作起步晚,外包设计公司以小公司居多,供应链是它们的软肋。

凝一文化曾设计过一款创意马克杯,找到制造工厂后就踏踏实实地把单子交给他们。半个多月后成品送到,洪洋惊讶地发现不少杯子上有黑色的点,是瓷器在烧造过程中产生的瑕疵。他找厂商理论,却被告知产品符合国家相关标准。

洪洋很气愤,但调查下来发现确实如此——即便是一些市场占有率很高的品牌的杯子生产过程中同样有瑕疵,但工厂会自行将有瑕疵的杯子处理掉,因为报价时就已将这些问题考虑在内了。"实际上只要每只杯子加很少的钱,就能做到没有次品。我的挫败感在于行业环境的不健康。我要的杯子当然不能有这种东西，这还用说吗？厂家不提前告知，我们又是初出茅庐，以致事先没法做准备。"后来，洪洋到工厂跟合作伙伴聊天，发现国内很多工厂不愿意接这种小单子，因为砍价厉害，量又不多，还得停掉大生产线专门去做，赚的钱甚至不够工人的加班费。

制造环节的复杂，成本的难以控制，正是故宫商店此前主要从小商品市场进货的重要原因之一。尽管现状一时难以改变，但故宫博物院并没有因此停下脚步。两年来，故宫开始清理宫内商店，禁止继续售卖从各地小商品市场批发来的旅游纪念品。这一步走得并不容易，宫里每间店都有自己的销售目标，以此养活大批销售人员。比如景泰蓝塑料手镯等纪念品尽管廉价，但多年下来，每年能卖多少已经心中有数，而文创产品没有经过市场检验，没人吃得准销售情况会怎样，为此院里承受了相当大的压力，其推动文创产品开发的决心可见一斑。

好货还要会吆喝

"做这种文章比做正经的文章更难，看上去像段子，实际上内容又非常严谨。"

做出好的产品只是第一步，营销同样重要，尤其是在故宫文创产品打造公众认知度的初期,能够击中消费者的传播能力十分关键。故宫淘宝在微信等渠道推出的一系列耍宝卖萌的"奇葩"文案,几乎篇篇都有10万以上的阅读量,为故宫文创产品的推广建下奇功。

故宫淘宝推送的文案多以明清两朝的帝王、嫔妃或大臣为主角,或用调侃幽默的语言讲述他们的生平故事,或在历史画作的基础上进行有趣的加工。以2015年10月29日推送的一篇明朝崇祯皇帝为主角的文案为例,文章讲述了崇祯皇帝"悲伤逆流成河的运气不太好"的一生。文案的内容既有基于严肃史料的历史背景描述,也有"求证朱由检的心理阴影面积"、各种搞笑表情图片等网络流行元素作为穿插。文后推送的产品其实相当普通,是由对联、福字、门神、红包等产品组成的春节福筒一份,但由于文案实在有趣,阅读量很快达到10万+。甚至有网友感叹:"明明知道点进去一定是一篇卖宝贝的软文,但还是忍不住去点。"

此类营销文案表面上风格戏谑,制作过程却相当严肃。2015年1月29日推送的一篇题为《她比四爷还忙》的微信文章,结合了当时许多热门影视剧的剧照,引出了对清世宗孝圣宪皇后钮祜禄氏的介绍,即《甄嬛传》里的甄嬛。文章用到的史料均来自正史,条条有据可查。文化服务中心的工作人员表示:"做这种文章比做正经的文章更难，看上去像段子，实际上内容又非常严谨，往往由团队配合完成：学文史的负责搜集史料，学编剧或文学的负责撰写稿件。每篇文章都会经历前期计划、内容审批、内容发布、统计分析及推广这五部分工作，以确保推广的效果。"

故宫淘宝的火爆让故宫博物院真切体会到营销的力量，并有了更加大胆的尝试。2015年夏天，故宫博物院与热门商业电影《新步步惊心》联合，推出了包括马克杯、环保袋、主题文化衫和冰箱贴在内的"戒急用忍"系列文化创意产品。"戒急用忍"是康熙题赠给雍正的处世箴言，也是电影里的桥段，创意产品的内容核心即是用漫画形式呈现电影中的四个经典场景。产品的首发仪式就在故宫内举行，一时间又引来关注无数。对故宫来说，这无疑又是一次新的突破。

※ ※ ※ ※ ※

尽管只有短短两三年时间，故宫的努力已经成效明显。2015年6月，"故宫文创产品"作为社会热点词汇入选2015年高考文综考题；2015年上半年，故宫文创产品销售额突破7亿元，超过2014年全年销售总和；2015年11月22日，虎嗅的评选结果揭晓，"故宫淘宝"击败众多对手，成为15个获奖"脑洞"之一。

前方的挑战几乎与机会一样多。故宫文创产品工作从无到有，头绪纷繁，无论是产品开发还是营销传播，都尚未建立成熟的机制，资源整合仍有待加强。以新开的故宫官方商城为例，尽管产品在文化内涵等方面更胜一筹，但运营团队的营销能力比起故宫淘宝仍有距离，如何在两者产品实现差异化互补的基础上打通营销渠道、提高运营能力，使各有长短的外部团队实现协同作战仍需要考虑。同时，由于故宫特殊的文化地位，故宫博物院无法忽略试错可能带来的社会影响，因而每走一步都非常谨慎，甚至不乏纠结和摇摆，这也在一定程度上为其未来的探索带来不确定因素。

"故宫淘宝"微信营销文案节选

还记得那个一会化身勇士刺虎，一会化身渔翁垂钓，一会又化身东方朔偷桃的雍正皇帝吗？（雍正：是的！就是朕！）想知道皇帝的一天是怎么度过的吗？他可不是一个只会卖萌的皇帝哟，看本公的深度爆料！

——《没错！是朕！》

这位熹贵妃有什么特别之处呢？酷爱旅游啊！（有钱人和有闲人的专属爱好）从乾隆七年（1742年）开始，乾隆皇帝"奉皇太后自热河起驾诣盛京谒陵",母子俩那"一场场说走就走的旅行"根本就停不下来了。

——《她比四爷还忙》

大家都知道,康熙帝十分重视农耕,康熙年间有一本《耕织图》,四爷就以这版《耕织图》为蓝本,同样绘制了一套《耕织图》。但是!!!说是绘制,就是把原图中的农夫和农妇马赛克掉,把自己和福晋PS进去了啊!他把自己PS进去了!他把自己PS进去了!他把自己PS进去了!(重要的事情说三遍!)

——《朕有个好爸爸》

6　同道大叔：非典型网红 *

同道大叔正在将自己与大多数网红自媒体区分开来，最大程度地挖掘自身的商业价值。

同道大叔与其他网红有些不同。相较于这个清秀白净、自称"90后"的"小鲜肉"，粉丝更愿意相信同道大叔就是网络上那个胡子拉碴、略显散漫的漫画形象——在影响力这点上，蔡跃栋仿佛是被自己创造的符号打败了。但也正是这些符号，为他带来了不容小觑的商业潜力。

---

* 本文采访者刘婕，《中欧商业评论》原资深编辑；艾伟华，《中欧商业评论》原编辑。作者刘婕。原载于《中欧商业评论》2016年第5期。

6 同道大叔：非典型网红

我的名字叫红

星座是情感交流的突破口，是新生代人群的新文化刚需，也是同道大叔爆红的原因。

范荪在清华大学创办学生法律援助协会的时候认识了蔡跃栋。那时，范荪处理最多的就是房屋租赁欺诈和交通事故纠纷，只有壁画系的蔡跃栋拿着一份股权投资协议前来向他咨询。

看似偶然的一夜成名太过瞩目，人们会倾向于对其中的必然视而不见。从开办画室到建立美术教育平台，再到开发新媒体和语音社交软件，同道大叔在成为坐拥千万粉丝的现象级自媒体之前，是名副其实的连续创业者。微博上，蔡跃栋曾经勤勤恳恳地为粉丝画过头像，也充当过鸡汤作者解答情感问题，屡屡尝试却在"想红"的道路上找不到方向。

无意间听到的一场对话让他发现了女性在星座吐槽方面的强大需求，2014年6月2日，蔡跃栋在微博上发了一条"都来吐槽下你身边的天秤座吧（收集奇葩天秤座故事）"，很快就收获了2 500条留言。他在其中挑选了9条最有趣的叙述制作成漫画，两天之后发布了"大叔吐槽星座系列之——天秤座"，吸引了7 000多条留言、16 000多次转发。

从2013年6月开通"同道大叔"微博账号,到2014年6月推出"大叔吐槽星座系列",蔡跃栋整整用了一年,用他自己的话说——那时才终于"找到一点儿感觉了"。选择以漫画为载体,既有蔡跃栋本人专业背景的原因,也有与其他星座内容差异化的目的。文字与漫画的组合形式,加之对十二星座性格与情感的幽默分析,以及高频率的内容产出,让转发率大为提升,吸引了众多善于"对号入座"的年轻女性关注。

为了保证内容作品的量产,蔡跃栋不再亲自负责内容制作,而是组建了十几人的编辑团队,从搜集资料、选择场景、设定主题,再到粉丝互动、收集评论、确定文案,最终由画师呈现,形成一条内容制作流水线,保证每天都有输出。在题材上,同道大叔并未局

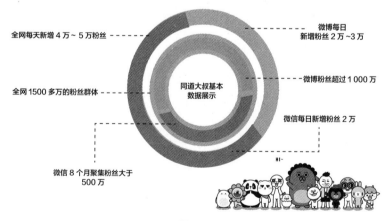

图6-1

6 同道大叔：非典型网红

限在星座话题，而是从情感话题入手，以星座作为标签化的分类方式进行调侃。又过了一年，同道大叔的粉丝就从10万飙升至600万。

在微信平台，蔡跃栋虽然晚了一步，却丝毫没有影响同道大叔在微信上面的开疆辟土。从2015年4月进驻微信公众号，到实现百万粉丝的目标，只用了短短两个月的时间——团队并未花过一分钱做推广，内容带来了自然流量的指数级增长。现在，同道大叔的微信公众号拥有500万粉丝。微信头条的平均阅读数量达到130万次，平均转发量4万次；2015年4月到2016年4月，微信的总读量达到300亿次。社交媒体平台的粉丝中，18～35岁的一线城市女性白领是内容消费主体（图6-2）。

同道大叔红了，现象级的红。在今年4月清博指数发布的《网红TOP100强》报告中，同道大叔在跨平台网红指数OCI（Online Celebrity Index）中排名第二。范苏分析，同道大叔的

图6-2

"爆红"与星座话题的天然属性不无关联,"这里有三个关键词,第一叫作共鸣,共鸣就是他(同道大叔)与你的想法一致。第二叫作表达,他代你说出了你的想法。第三叫作联通,通过星座话题,把人与人之间的距离拉近了。"有关十二个星座的内容,总能吸引各星座读者的分享转发,毕竟,没有人会直白地说自己是"喜欢活在自己的世界里,深情款款却无人知晓的摩羯座",转发分享这样的内容,却能以含蓄的手段达到这样的目的;在一些社交场合,星座也是能够拉近陌生人距离的"安全话题"……在蔡跃栋眼里,星座只是一个情感交流的突破口。

在蔡跃栋刚刚玩微博的时候,粉丝数突破 1 万都可以让他整夜失眠;现在,他早已将内容制作全权交给团队,在微博粉丝突破 1 000 万时,也已经不会激动万分。对蔡跃栋来说,有一件更重要的事摆在眼前。

因为红,做什么都是对的

在这宝贵的"15 分钟"里,各种推广与各种变现都可以很容易被理解。

从 2015 年上半年开始,蔡跃栋的团队已经通过漫画中的广告植入实现了大幅盈利，2015年全年的纯广告收入就达到近3 000万元——这种流量变现的方式水到渠成，几乎是大多数网红选择的"套路"。

20世纪波普艺术家安迪·沃霍尔原本就有"未来每个人都能出名15分钟"的金句，最近又频频被媒体引用，来形容那些从草根一跃而红的网络意见领袖。对于这宝贵的"15分钟"，蔡跃栋有一种趁势而为的内在驱动，正如他之前的数次创业那样——这一次，他想做的尝试是有关同道大叔产业化之路。

2015年4月，同道大叔文化传播有限公司（以下简称同道文化）在深圳成立，开始将微博与微信知识产权与使用权公司化与品牌化。2015年10月，蔡跃栋开始组建团队，共同梳理了公司结构——同道文化根据业务类型与资源布局，下设5家全资子公司。

同道创意负责IP管理与品牌建设，将同道文化的自有IP和采购的IP建设成文化品牌，再将它授权出去，以租赁的逻辑对IP进行商业变现；负责新媒体业务的道仔传媒制作线上内容产品，并且联合新兴的KOL力量建立营销网络；同道制造负责统筹整合衍生品供应链，将文化品牌的落地提供产品层面的基础；道仔影业负责制作和发起制作长视频、网剧、电影等影视产品，提供变现渠道，也为文化品牌建设和衍生品营销提供投放平台；

刚刚成立的同道生活,负责线下店铺、产品和服务的建立和推广。几家公司独立运营,分工明确,各自负责相关业务,同属同道文化,听上去,蔡跃栋仿佛在下一盘很大的棋。

从 2014 年 9 月开始,蔡跃栋和他的内容团队逐渐确定了 12 个星座的卡通形象,成为同道大叔 IP 沉淀的第一步,同道制造将包括同道大叔在内的 13 个卡通形象制作成玩偶、手机壳、充电宝和玩具等周边衍生品,在自己的电商平台上线出售(图 6-3)。道仔传媒除了负责日常的漫画制作和发布之外,也开

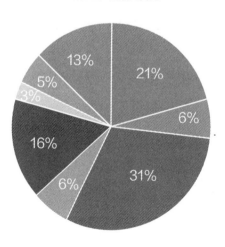

图 6-3

始承担短视频业务。同道文化的另外几种视频形式——网剧以及计划于今年拍摄的电影,都属于道仔影业的业务范畴。同道创意则将公司拥有的知识产权进行授权,在一些通道制造无法独立完成的产品上,与外部合作伙伴共同开发。

作为一家拥有 70 名员工的文化创业类公司,同道文化的组织结构看上去颇为"严肃",范萩解释,这样的设置有几个目的:第一,"从管理角度,同道文化暂时没有实行股权激励,因此需要各板块的负责人各自制定目标,负责相关业务,避免吃大锅饭的局面;第二,我们需要每家公司在不同行业接触不同的资源,出于对外部资源管理的需求,必须将这些团队划分开来;第三,就是在母公司和下设子公司的情况下,我们可以最大化地利用优质资本的力量。"子公司可以引入外部优秀合作伙伴,联合开发新的产品和业务形式。

如果说母公司的投资人参与到整个集团化作战中,外部合作伙伴就与各子公司共同组成了小分队。"作为一家刚起步的公司,我们的每一项业务都需要一个导师,也就是外部合作伙伴,在资源和能力上,以他们的经验来带动我们。"范萩说。2015 年 12 月到 2016 年 1 月,道仔影业与上海锦辉艺术传播有限公司合作,在上海推出了名为《同道大叔吐槽 12 星座》的脱口秀舞台剧,上线两天 4 200 张门票就销售一空,如今正在筹备全国巡演;在这家公司的资本与技术支持下,道仔影业正在策划电影、网络剧等内容——电影项目已经完成了初步创作和前期立项工作,并将监制出品若干网剧。今年夏天,同道生活将在上海开设一家主题咖啡店,为粉丝提供线下社交的场所。

范荪估计,同道文化在2016年的营收有望达到7 000万元,包括广告和整合营销在内的自媒体业务和授权业务将占据总营收的一半,也将是贡献利润最多的部分。

蔡跃栋这样总结同道大叔产业化的商业逻辑:为同道大叔赋予最多的意义与使命,最大程度地开发它的商业价值,各种推广与各种变现都可以很容易被理解——因为红,做什么都对。

红是加持,也是枷锁

"其实怕被忘记 / 至放大来演吧 / 很不安怎去优雅 / 世上还赞颂沉默吗 / 不够爆炸,怎么有话题让我夸 / 做大娱乐家"——黄伟文

"2015年上半年全民O2O,下半年全民谈IP,2016年全民KOL,市场看似喜怒无常。"蔡跃栋说。2016年被不少媒体和投资人定义为"网红元年"(图6-4),而身处风口中央的他现在并不是很喜欢"网红"这个标签。

网红的产生与变迁

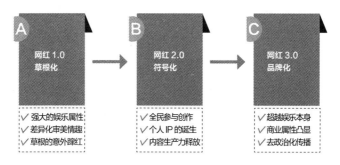

从网红传播到网红经济

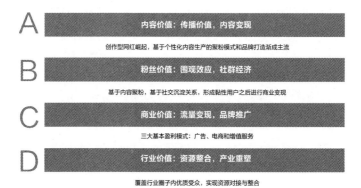

来源：清博大数据·新媒体指数

图 6-4

毕竟，"风口飞猪"理论似乎本身就带有一种暗示——风口中的猪也飞得起来，风停了，又将如何？

"他（蔡跃栋）也不认为同道大叔已经到了最高点。"范荪说，其实，每个人都能理解那意味着什么。身处这个行业的人，正在用各种各样的方式延续自己的传播力和影响力,在镁光灯熄灭之前找到属于自己的出口。"我们正在内容创作多元化的方向努力,包括视频、网剧到电影制作等,这些都是增加厚度的手法。"范苏直言,"任何东西都有它的生命周期。你要说星座永远不会淘汰,永远不会过时,这是真的——但是同道永远不会淘汰,永远不会过时,这事还不一定。"

同道团队清楚的是,如果一直拘泥于互联网上,被人遗忘只是早晚的问题,而他所做的一切,似乎是在验证自己的判断——"让你注意,让你理解,让你接受"这三句话作为网生文化的力量,在线下能够带来怎样的商业价值。同道大叔要迈出的巨大一步,就是将自己从文化符号升级为品牌符号。在同道的理解里,"品牌就是塑造产品文化的文化产品",是消费的氛围,是区分的标准,是选择的动因,也是解释市场热度从O2O到IP转变的原因——随着线下产品的扩张,消费者对品牌需求愈发强烈,当高曝光、强关联、高黏性的品牌成为稀缺资源时,市场的需求便指向品牌的核心——IP。

"网络小说变成电影,电影变成手游,手游变成网剧……这样复杂的动态变化,其本质也仅仅是IP在以不同的形态展示其自身属性而已。"同道认为,"消费市场对消费氛围与文化产品的需求已经达到前所未有的高度,因此,KOL作为一种成本较低,并且带有高曝光、强关联和高黏性特征的文化产品一定会成为市场的宠儿。"几个月前，公司尝试电商业务，用一条微信就实现了月内流水百万。

"现在的消费者有个很强的诉求，就是不能只是买买买，而是要有文化。这时，品牌就出现了。"范苏说，"消费在升级，大家对生活方式的理解越来越深入，就需要产品有好的文化背景和传播力量去支撑消费者每一次的消费行为，才会让大家觉得买得对、买得值。"正是看到市场上仍有许多产品还没有鲜明的品牌文化输出，同道看到了自己的机会所在。2016年5月，同道大叔话剧开始全国百场巡演；6月，同道开始6个月的全国巡展；7月，线上服装品牌旗舰店开业；8月，大型艺术展开幕；9月，同道咖啡开业；10月，同道出品真人电影杀青……

目前，同道文化已经完成4 000万元人民币pre-A轮融资，上一轮估值为2亿元人民币。范苏透露，公司在几个月内就会完成A轮融资。

现在，蔡跃栋在同道文化的体系内成立一个艺术工作室，与国内外艺术家合作，开始试水大型商业艺术——这也是同道提升品牌文化的一种尝试。"现在我们的商业逻辑还在不断完善，也发现了一些问题，比如我们在对数据的把握和对信息传播的理解深度还不够，这是大多数网红的通病。"范苏说，"我们虽然知道什么是好的内容,但对好内容的量化标准还不是完全了解,一旦这件事搞清楚了,就会对同道起到很大的支撑作用。"

正如星座可以作为社交性的娱乐话题,却不会成为一个人婚恋择友的核心标准那样,"网红"狂欢背后是昙花一现的担忧,还有与"现象""泡沫""浅薄"等词汇不可避免的联系。一方面,同道大叔仍需要在内容端持续不断地输出,以维持热度和声浪,保证自媒体的影响力;另一方面,需要跳脱网红的局限,实现从文化符号到品牌符号的转化和线下产品的沉淀。

对于许多人而言,同道大叔依然是那个在微博和微信上吐槽星座的段子手,但他们自己正在努力和大多数传统意义上的自媒体作出区别,和"现象"划清边界,消除那些人们关于网红浮躁与肤浅的刻板印象。"网生文化是我们的内容,红是我们传播力的代表,但网红标签和我们的价值认知有偏离,因为我们已经提供许多超出网红以外的功能,所以,我们要将这个标签剥离掉。"范荪说,而这也是同道管理团队 2016 年的工作内容之一。

7　阅文集团：IP 生态圈升级战 *

坐拥 400 万创作者、1 000 万部作品和 6 亿粉丝，阅文集团并不满足于在百亿级网络文学市场称雄，它要抓住的是下一个万亿级大机会。

对网络文学的教父级人物、阅文集团 CEO 吴文辉来说，眼下是网络文学最好的时代。这个百亿级的市场正在迎来创造万亿级价值的机会。

---

* 本文作者关苏哲，新关点创始人；韦科，新关点合伙人。原载于《中欧商业评论》2017 年第 2 期。

趣商业　趣玩耍：
大文娱时代的商业机会

一个更大的机会

在百亿级网络文学市场上做到百分之六七十的份额并非难事，但吴文辉看重的是另一个大机会。

2002年，从北京大学计算机系毕业的吴文辉创办起点中文网，2003年，开创VIP收费的运营模式，从此开启了网络文学的新篇章。2004年，起点中文网被盛大文学收购。2015年，腾讯文学和原盛大文学整合成新公司阅文集团，吴文辉出任CEO。

目前，阅文集团拥有包括唐家三少、猫腻等网络原创顶尖作家在内的400万名创作者，拥有起点中文网等8家文学网站，还有华文天下、天方听书网等6家图书出版及数字发行品牌，触达用户约6亿。

从产出来看，阅文的阅读产品涵盖网络文学、传统出版物、电子出版物等各类形式，覆盖文学、社科、教育、时尚等多种内容题材，实现了PC端、移动端、音频、电子书等全场景数字阅读。目前集团拥有约1 000万部作品，包括200多种内容品类，已输出《步步惊心》《鬼吹灯》《盗墓笔记》《琅琊榜》《择天记》等多部超人气改编作品。无论是内容的品质和数量、作者的影响力，还是IP的价值，阅文集团在网络文学市场都拥有毋庸置疑的优势地位。

在吴文辉看来,阅文在百亿级网络文学市场上做到百分之六七十的份额并非难事,他看重的是另一个大机会——下游IP泛娱乐的万亿级市场。

IP泛娱乐究竟有多火?据专业机构统计,全世界票房最高的20部电影中,由IP改编的有16部,占了80%;在中国票房排名前20的电影中,由IP改编的占70%;2016年网剧市场总播放量近400亿次,在播放量前50的网剧中,IP改编剧占了近一半。

在中国,网络文学是原创IP的主要来源,而阅文集团正是中国原创IP最大的发掘者、孵化者和分销者。《鬼吹灯》《琅琊榜》《盗墓笔记》等超级IP内容的成功,让吴文辉充满底气:"无论是改编成影视,还是其他的作品,目前来说是改一部红一部。这是我们真正受到市场检验,受到用户挑选的结果。"

站在这个巨大的风口,集中阅文的资源、打造IP新生态圈成为吴文辉关注的重点。通过"数字阅读+优质IP"双核驱动,阅文希望建立作者、读者、平台及IP价值链多方共赢的产业生态圈,以"文学万有引力"的产业思维引领"阅读文化生态圈"的持续发展。

基于新的IP战略,阅文未来的成长空间巨大。客户端,阅文可以提供更多新价值,实现PC、电子书、音频、移动、影视等更多的场景运用，接触到消费能力更强的高端主流客户；产品端，利用现有的阅读产品，通过合作联盟产出影视、游戏、动漫等新IP产品，实现多元化扩张。

但要实现这一目标，意味着阅文必须对现有的IP生态圈进行升级。

为何是现在？为何是阅文？

把IP当成商品来买卖的模式难以将IP的价值最大化，这也是阅文思考打造IP新生态圈的原因。

虽然国内IP市场发展迅速，但仍停留在野蛮生长阶段。新一代的年轻消费者熟悉欧美、日韩的优质内容，对于故事性、一致性、世界观、制作精细度等要求很高。目前，国内的IP孵化、管理、发展模式难以满足消费者的需求。

过去，网络文学平台采取的是IP分销模式，即把IP当成商品进行买卖。这有其存在的历史必然性。在网络文学发展早期，消费者对于IP内容的需求是网络文字，对他们来说这是一种前所未见的内容形式。平台分销的方式激活了一批有文学理想的年轻人，使他们投身到网络文学行业，持续产出优质的文字内容。

现在，娱乐业厂商拥有更成熟的开发能力，特效技术突飞猛进，消费者也希望通过多种形式享受统一的高质量IP，分销模式已经过时。

在传统模式中，IP被买走后，就不再跟平台有任何关系。一个IP往往被卖给不同的泛娱乐厂商，各家都从各自的理解出发对这一IP进行开发，导致作品之间的协同性很差。以《鬼吹灯》为例，版权早期被分割卖给几家影视公司，分别拍出《九层妖塔》和《寻龙诀》。单纯看这两部电影，很难想象它们源自同一个IP故事。每个厂商都只拥有IP的某个片段，各干各的，只追求短期利益。如此一来，IP的延展价值这块本该最诱人的蛋糕就出现了"公地悲剧"。

把IP当成商品来买卖的模式难以将IP的价值最大化，这也是阅文思考打造IP新生态圈的原因。

简单地说，生态圈就是在某一需求场景下，不同企业之间的结盟关系。有学者总结，构建生态圈主要有两种方式：一是去中间化、去中介化、去边界化的平台模式；一是利用垂直产业链进行整合的垂直整合模式。举例来说，直接对接读者和作家的起点中文网是一种平台模式；当年Windows和Intel组成联盟，通过在价值链上获得最大话语权对行业进行整合，则是一种垂直整合。

无论采取何种模式，一个生态圈保持稳定的基础是用户价值的最大化。阅文打造新IP生态圈，也需要一种合理的机制保证这条价值链上的每个环节既是IP的变现者，也是IP的增值者。从阅文的能力来看，打造这样一个生态圈已有基础。

首先，阅文作为IP价值开发链上的首个环节，能够在IP生命周期的最初阶段就接触到潜力IP和潜力原作者，成为他们的第一个盟友，从而具备从全生命周期角度运营IP的基础。其次，阅文的团队基因和多年经验，决定了他们对IP原作者的需求有更深的认识，更容易与作者建立长久的关系，并与作者一起维护IP的世界观。再次，多年运营积累的用户互动数据使阅文更了解读者的喜好，能够更好地把握市场需求。最后，阅文积累了大量IP，有潜力开发和串联多个IP，形成联动。

由此来看，作为行业的连接者和润滑剂，与原作者和用户一起，连同下游多个合作伙伴，将IP本身的价值最大化，是阅文IP生态圈价值拓展的根本逻辑，也是行业留给阅文的大机会。

混搭模式：垂直+平台

从一定程度上讲，阅文的模式与小米生态模式有相似之处。

具体到生态圈的搭建，平台模式和垂直整合模式的路径之选

7 阅文集团：IP生态圈升级战

就成了重中之重，这直接决定了生态圈参与者的合作分工机制与利益分配机制。

究竟采用平台模式还是垂直整合模式搭建生态圈，通常需要考虑8个因素：规模效应、聚焦效应、核心价值体验、市场缺陷、资本、细分需求、专业效率、外部交易成本（图7-1）。对于资本需求量大、长尾需求、外部专业效率高、外部交易成本较低的业务，多适合用平台的方式启动；市场规模大、聚焦效应强、影响核心价值体验、市场存在缺陷的环节，则一般需要进行垂直整合。

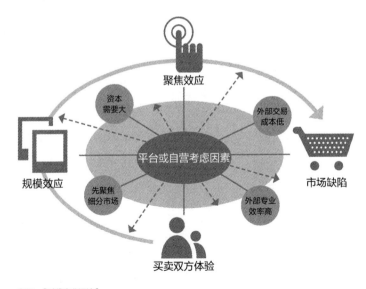

来源：《哈佛商业评论》

图7-1　生态圈模式选择要素

对 IP 领域来说，市场缺陷这一因素需要格外注意。市场缺陷是指在某些领域，如果任由市场自由运作，很容易出现混乱。专利行业是一个典型。由于专利的拥有者规模很小，很多是个人，专利的购买者却都是大型生产企业，双边力量失衡，所以，在交易平台上，专利所有者往往无法通过诉讼保护自己的权益。美国高智发明公司就是通过垂直整合众多小型专利所有者与大公司抗衡，从中获取了巨大利润。阅文集团所处的行业状况与之类似。

最终，阅文打造 IP 生态圈采用的是"平台模式＋垂直模式"的混合模式。

生态圈基本结构如下：阅文集团作为平台拥有者和机制制定者，决定生态圈参与者和互动方式，控制知识产权和治理；阅文各终端界面连接用户和平台；平台上的生产者是生态圈产品和服务的创造者，包括源头作者、出版商、影视游戏等领域的合作伙伴、平台程序功能开发者；平台消费者指的是用户和下游买家（图 7-2）。

一方面，由于 IP 上下游业务专业度较高，资本需求量较大，且有不少长尾需求，阅文在引入上下游合作伙伴时，采用了平台模式，即：将阅读平台开放给作者，将 IP 开放给下游游戏、电影、电视剧、剧场活动等 IP 合作方。

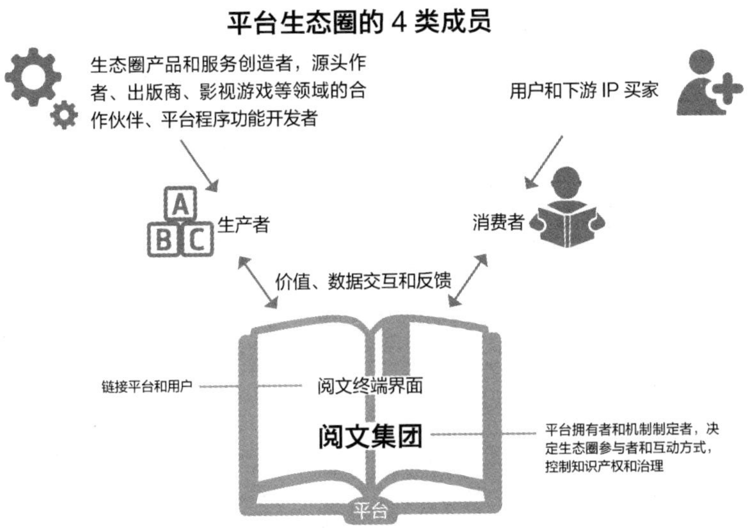

7 阅文集团：IP生态圈升级战

平台生态圈的 4 类成员

生态圈产品和服务创造者，源头作者、出版商、影视游戏等领域的合作伙伴、平台程序功能开发者 → 生产者

用户和下游 IP 买家 → 消费者

价值、数据交互和反馈

链接平台和用户 → 阅文终端界面

阅文集团（平台）

平台拥有者和机制制定者，决定生态圈参与者和互动方式，控制知识产权和治理

来源：邻客商学院

图 7-2　阅文 IP 生态圈

另一方面，由于 IP 开发环节市场规模大，且完全依靠市场自由运作容易引起混乱，影响 IP 的核心价值，因此又需要一定程度的垂直整合，以增加各个利益参与者的合作黏性。为此，阅文提出了 IP 共营合伙人计划。在 IP 价值最大化这一战略愿景的驱动下，阅文与异质性高的各合作方进行互补合作，建立内容生产者、投资商、渠道商的联盟，各方共同投资，参与作品研发。

举例来说，围绕一个 IP，阅文会招募相关合作伙伴，分工开发。游戏公司负责游戏部分，影视公司负责影视部分，阅文对每一个部分都会参投。作为一个组局者,阅文会引导参与公司之间进行资金、资源和内容上的合作,进行利益捆绑,丰富平台生态圈功能,更好地绑定用户、促进用户互动。此外,阅文希望把头部作家也变成合伙人,让其深入到IP开发的全产业链中,从而保持IP的世界观和延展性,保证IP价值最大化。

从一定程度上讲,阅文的模式与小米生态模式有相似之处,即以投资占小股的方式进入到延伸的合作产业中,自己以引流者和助推者的角色,把整个生态圈的价值做到最大化。国外也有漫威模式可资借鉴,其在迪士尼的帮助下将原本授权给各影视公司的IP收回,将影视制作纳入自营。但考虑到中国影视行业还远不成熟,且缺乏运营IP的专业人才,更开放的合作模式也许是时下更合适的选择。

细分战场上的"标杆"

如同大多数变革一样,阅文需要集中力量,首先在细分战场打开局面。

打造新的生态圈,意味着规则的颠覆与利益的重新分配。如同大多数变革一样,阅文需要集中力量,首先在细分战场打开局面。在这个战场上,阅文自身的粉丝价值和IP运营能力能够被最大程度地释放,从而在未来撬动更多的合作资源,把IP业务蛋糕做大,"再造"用户价值。经过分析阅文发现,动漫、游戏等领域是自己最可能实现IP价值最大化的战场。

由于网络文学本身的特征,阅文旗下平台上的内容并非纯文学,而是一种泛娱乐化的文学。它的读者群非常年轻,不是社会主流发声人群,但与动漫、游戏人群高度重合。依据过去IP运营的做法,一般要等这个年轻人群成长为主流人群后,才能变现,导致一个IP的孵化周期往往长达10年。而在新的模式下,阅文将文字、动漫、游戏等方式进行结合,发展出孵化IP的新手段。这样做好处有三:一是人群天然匹配;二是动画、游戏不需要依赖明星资源,更多依靠故事本身,而这正是阅文的强项;三是能够缩短IP孵化的时间。

《择天记》应运而生。从小说上线开始,阅文集团就将IP开放给各方。大型端游与书籍同步运营,带动IP的核心粉丝成为第一批天使游戏玩家;《择天记》动画投资5 000万元,第一季上线时取得国内动画片单季最高的1.4亿次点击量,第二季在24小时内VIP的订阅达到200万份,用户反响热烈;随着动漫、游戏的成功,同名电视剧也进入"联动"体系。这个标杆案例的打造,成功吸引了更多的产业链合作伙伴入局。

趣商业　趣玩耍：
大文娱时代的商业机会

※ ※ ※ ※ ※

至此，阅文集团的 IP 生态圈战略已基本清晰。撬动万亿市场，团队的雄心可见一斑，从运营网络文学平台到运营 IP 生态圈，对其团队能力也提出了更高的要求。从执行层面来看，两个核心要素对于保证阅文战略目标顺利实现至关重要。

一是要综合考虑打造新核心能力（IP 运营能力、上下游整合能力、多种内容形式的展现能力等）所需的时间、成本和风险，盘点各战略所需的资源。对于推行新业务来说欠缺的资源，可以考虑通过合作联盟、合资或兼并的方式快速获取。

二是要重视组织能力的再造。每家企业都有其固有的基因，只有不断地转型求变，才有可能制胜未来。比如，为快速响应客户需求、敏捷应对市场变化，组织需要更加扁平，更多尝试小团队模式以驱动创新；再如，要注意促进组织内旧人和新人的融合；另外，阅文未来业务的多元化尤其需要具备核心技术、团队、伙伴、渠道等环节的整合能力。

成立两年，阅文集团目前估值已超过 200 亿元人民币。坐拥 400 万创作者、1 000 万部作品和 6 亿粉丝的阅文集团将会交出一份怎样的生态圈答卷呢？未来值得期待。

8　猎故事的人*

一支高举"非虚构写作"旗帜的故事生产新军正在崭露头角,他们希望以另一种方式填补故事产业链条上游的空白。

"对于能够讲述优秀故事的作家而言,这是一个卖方市场——曾经是而且永远是。"

这是好莱坞知名编剧罗伯特·麦基在其畅销数十年的著作《故事》中所说的一句话。句中的"卖方市场"指好莱坞。其实,即便放大到整个故事消费市场,这一判断仍然成立。

小到街谈巷议,大到举国狂想,人类对故事的胃口无边无际。在文学出版、戏剧、影视等以故事为基础的各类产业中,好

---

* 本文作者罗真。原载于《中欧商业评论》2017年第3期。

故事永远稀缺。以好莱坞之成熟高效，令人由衷称道的电影佳作一年也不过区区数部，底层故事的平庸是最大瓶颈。资源最为富集的世界级造梦基地尚且如此，遑论其余。

这也意味着，故事相关产业链条的最上游仍然充满机会。

在中国，一个以新兴中产阶层为核心的故事消费群体渐成规模，他们对高品质故事的需求，正在催生一批不同于以往的故事掘金者。其中，一支成员多出身传统媒体、以"非虚构写作"为旗帜的新军尤为惹人注意。

模式之选

与产出好故事相比，模式选择并非核心，只不过它必然导向不同的故事形态。

尽管《时尚先生》前总编辑李海鹏曾否认，自己携团队加入亭东文化与此前《太平洋大逃杀亲历者自述》（以下简称《太平洋大逃杀》）、《黑帮教父最后的敌人》（以下简称《黑帮教父》）两篇特稿的版权售出有关，但对围绕"非虚构写作"掀起的创业小热潮来说，这两笔交易是毋庸置疑的强心剂。

基于 2010～2011 年"鲁荣渔 2682 号"渔船上 11 名船员杀

害另外22名船员的真实命案写成的《太平洋大逃杀》一文，其作品改编权在2016年3月被乐视以百万元级的高价买下，在业内引发了一场不小的骚动。

何谓"非虚构写作"？从字面看，这并非一个严谨的概念。非虚构写作公益性平台"地平线"发起者之一、"商业人物"创始人迟宇宙给出的定义具有一定的代表性："非虚构写作就两个核心标准：一是真实，二是文学化的表达，即把虚构写作的某些技巧应用到非虚构领域，使内容呈现得更加丰富、有张力，让更多人愿意接受。"

将这一舶来的概念在国内发扬光大的，是以李海鹏为代表的一批特稿写作者，何伟（彼得·海斯勒）的"中国三部曲"让这一写作形式被更多国人知晓和喜爱。就像一条在翻山越岭中不断积聚力量的河流，"非虚构写作"的内涵和外延至今仍在不断波动，分歧众多。某种意义上说，这是一件好事，有助于最大限度地将可能对这一领域感兴趣的人才招至麾下。

2016年7月，包括《太平洋大逃杀》作者杜强、《黑帮教父》作者林珊珊在内的前《时尚先生》专题组四名成员，跟随李海鹏加入韩寒创办的亭东文化，组建非虚构写作部门"ONE实验室"。截至2016年12月底，该团队已有10名正式成员，多数为已在业内一稿成名的青年特稿作者。2017年1月5日，团队

第一篇作品——讲述山东临沂市网戒中心少年反抗故事的《飞越十三号室》在"ONE·一个"App上发表，带有鲜明的特稿色彩。

亭东非虚构团队选择的是"一种奢侈的生产模式"。

据团队负责人林珊珊介绍，某位写作者的前期资料中，光是原始录音整理稿就达到惊人的100万字，每天数人的密集采访持续一个多月，六七万字的初稿最后精简到3万字左右；采写周期上，要求人均7～8周产出一篇或一组系列文章，打磨作品的时间相对充裕；围绕选题有集体讨论，承担编辑角色的林珊珊负责跟踪进展、编辑稿件，首席内容官李海鹏进行技术点拨，亲自编辑重点稿件并最后把关，团队甚至配有一名专门负责事实核查的编辑，像极了一个流程严密的编辑部。

在时下的同类创业项目中，这支由国内顶尖特稿写作者组成的队伍堪称装备精良的王牌军。在李海鹏、林珊珊们看来，优秀且可控的专业写作者是故事质量的最佳保证。

2016年4月注册成立、7月11日在微信公众号上线的"真实故事计划"，走的是一条与京东非虚构团队迥异的道路。

"我们以UGC（User-generated Content，用户生产内容）为主。"真实故事计划的创始人雷磊同样出身传统媒体，曾在《南方周末》、优酷、《GQ智族》等从事特稿写作和节目制作。他清楚写作者对故事呈现质量的重要,承认"不会写"是热情的投稿者们最大的问题。团队编辑们通常会围绕一篇来稿反复沟通、修改,乃至补采、重写。

诚然,并非所有人都有实力像亭东那样招徕一流写作者,但选择主打UGC,最重要的原因在于这一模式迷人的开放性。雷磊的解释是:"一个人看到的事情是非常有限的,而这个世界非常广大神奇。"

夏龙(笔名)已经在真实故事计划的平台上收获了无数粉丝。他的经历有些特殊,1990年出生的他19岁时因抢劫入狱,坐牢7年。因观察敏锐、长于文字,夏龙出狱后开始撰写高墙内的故事。他笔下有上路前被狱友精心打理的死刑犯,有供人"嫖声音"的悲情女囚,有为了女友在狱中拿钱替人出头的"纯真猛男"……独特的经验和叙事视角,让他的作品独具魅力。

"居住在一线城市里(的人),过的是中国这条大河上泡沫一样的生活,大量的水都是在深处流的。"在雷磊看来,最为强烈真实的人性需求往往体现在发生在深流的故事里,那里往往是专业写作者难以触及的另一个世界。

大多数非虚构写作项目的故事生产模式位于纯专业生产(PGC,Professional-generated Content)到纯用户生产(UGC)这道光谱的两极之间,且会随时间发生偏移。真实故事计划除一直有团队自产作品穿插外，2016年年底还邀请到非虚构领域资深写作者袁凌担任总主笔，在未来承担传记等更为专业的作品生产。采写力量雄厚者（如亭东），也称不拒绝未来接受投稿的可能。

或者说，与产出好故事相比，模式选择并非核心，只不过它必然导向不同的故事形态。

目前，亭东非虚构团队的作品约为每周一发，从目前发表的几篇作品来看，很大程度上沿袭了媒体特稿的传统，内容扎实厚重，带有一定的社会干预性，重视对真实细节的呈现、独特故事氛围的构建等。作品篇幅一般在8 000字以上，数万字也不罕见。

真实故事计划基本为每日一更，阅读体验更为轻快，题材较少涉足社会公共领域，以私人经验的呈现为主。平台上第一篇阅读10万+的作品讲述的是"80后"的童年记忆——收集小浣熊水浒卡的故事。作品多为万字以内的中短篇故事，强调清晰的故事线条与简洁的文字表达，不刻意突出个人风格。

鉴于种种差异，它们都未把彼此视为对手。更何况在一个优秀作品远远供不应求的故事市场，"好"就是王道。

截至目前，作品上线不久的亭东非虚构组尚未有公开的交易消息，而且内部的亭东影业拥有作品的优先挑选权。真实故事计划已有14个故事进入影视改编环节，其中，有12个故事将与五星传奇合作,计划制作成一部每集20分钟左右的系列网剧,主题是都市人群对身体和情感关系的困惑。

什么值得买

真实只是基本条件,被影视领域买家看中的非虚构作品,必须拥有不一般的特质。

作品改编权的出售,目前仍是多数非虚构写作类创业项目的主要变现途径。

在某次线上分享中雷磊谈到,过去20年好莱坞上映的12 000多部电影中,改编自纪实文章、传记等非虚构类作品的电影达到2 102部,占据近20%的份额。对国内的非虚构写作者来说,这无疑是一个令人兴奋的数字,尤其是在影视市场资本过剩、内容供应乏力的当下。

与传统作家、编剧等靠想象力编织作品不同,"真实"是一部非虚构作品的首要前提和最大卖点,能使观众的代入感、同理心瞬间升级。但真实只是基本条件,被影视领域买家看中的非虚构作品,还必须拥有不一般的特质。

看过《太平洋大逃杀》一文的人都知道,该文绝大部分内容都是出狱后的幸存船员赵木成（化名）以第一人称进行的讲述，满眼带引号的原话照录，作者的存在感似乎并不强。但从业内人士的视角看，让一个原本木讷寡言的当事人在事发数年后，回忆起那么多细节并愿意讲述出来，本身便是一个巨大的考验。

这正是以特稿为代表的非虚构写作最重要的门槛之一。作者杜强曾在事后介绍，由于赵木成的表达能力不好，他必须通过非常具体、细致的问题才能取得突破，比如"从你的角度能看到什么""给刀的时候是左手给还是右手给"，甚至问到对方烦躁，采访长达十余天。

这些细节构成了非虚构类故事的核心价值。对读者来说，这关乎阅读体验；对潜在的买家来说，这关乎改编的可能性和难度系数。

2016年11月9日，买下《太平洋大逃杀》版权的乐视影业，联合蜻蜓FM、《时尚先生》杂志共同推出同名广播剧，成为改编落地的第一个项目。从最终成品来看，杜强的作品极其适应改编需求，这部6集广播剧的叙事结构、人物对白、背景细节等诸多方面与原稿文本直接对应。

还有一些买家看重的是故事传达出来的人物气质、精神内核，乃至作者构建出的故事氛围。

2016年5月，林珊珊的《黑帮教父》被台湾导演陈昊义及其公司买下。文章写的是香港黑帮14K大佬潘志勇晚年对抗癌症的故事,并不涉及太多黑帮运作的内容。陈昊义说,这篇文章让他进入了人物的内心。

林珊珊的理解是,对于一个普通编剧来说,如果不知道真实的逻辑什么样,故事是很难编的。"可能你知道黑帮是怎么运作的,它的机构是什么样子的,但是你可能对这个人物的精神状态、性格、行事逻辑并不了解,你很难虚构这么一个真实的人出来。"

此外,与虚构作品一样,题材本身的类型、内在的故事性等传统要素,也是衡量非虚构作品变现潜力的核心标准。真实故事计划出售的第一部作品《临终者联盟里的布道人》,讲述的是一个中年大叔用奇特方式鼓励病友抗癌的故事,与电影《滚蛋吧!肿瘤君》的故事异曲同工,是极易牵动人心的题材。《太平洋大逃杀》自带杀戮、权谋、求生等天然激发大众欲望的元素。2016年8月,《睿士ELLEMEN》售出了特稿《1986,生死漂流》的版权,故事讲述的是中外漂流爱好者征服长江的故事,人与自然的角力、堪称惨烈的结局与透出荒谬感的时代背景,共同成就了一个好故事。

同样是基于非虚构写作开发影视IP,也有人选择了作品改编以外的其他方式。

趣商业　趣玩耍：
大文娱时代的商业机会

2015年12月7日，主打商业人物特稿和原创商业故事的"商业人物"在微信公众平台上线。商业题材是当下非虚构写作的一个支流，甚至有人质疑是否应当将其归入同类。但根据迟宇宙的定义，只要符合真实和文学化表达两条标准，题材并不是限制条件。他甚至曾提出，"第一个最值得写的就是商业领域"。

一个真正的问题是，由于商业类内容本身的敏感性，直接基于非虚构作品进行影视作品的开发并不现实。迟宇宙选择"将非虚构与虚构打通"。简单说，就是基于非虚构写作掌握的素材，创作虚构的商业故事。从影视IP开发的角度来看，虚构作品无论是内容的独享性还是故事的完整性和戏剧性，都更胜一筹。

迟宇宙认为，商业人物在打通二者上独具优势。一方面，与社会化题材相比，商业故事更难虚构，单纯的想象不足以呈现一个令人信服的商业世界，以非虚构写作积累经验是基础；另一方面，商业领域里的大部分写作者不会写小说，而迟宇宙及团队部分成员拥有难得的虚构作品创作经验。

2017年春节期间，"商业人物"公众号发表了由迟宇宙执笔的6篇商业小说，读者纷纷竞猜人物原型是哪位企业家，很是热闹。迟宇宙在一篇文章下对竞猜者们留言：从来不会只有一个原型。正如他所说，虚构写作可以把很多真实发生的故事融合在一起，空间更大，边界更宽。

据迟宇宙透露，商业人物正在商谈一个影视剧改编权方面的小型交易，如果能完成，这将是商业人物在这个方向上的首次变现。

在迟宇宙的规划里，虚构与非虚构打通后的影视 IP 创作将是一条重要的产品线，他们可能会跟影视公司签约，从零开始合作开发商业题材的 IP，团队负责故事的架构设计和小说写作。迟宇宙估计，如果采用团队协作的"工业化生产"，一部二三十万字的小说也许在一个月内就能完成。如果条件允许，他们还可能参与后期剧本改编，乃至对影片进行小额投资。

生存，快与慢

"创业的根本逻辑是生存逻辑，不是美学逻辑。"

围绕非虚构写作的创业小高潮在 2016 年前后到来。然而从资本市场的状况看，这个时机并不好。

"大家刚把它（非虚构写作）端出来，这个市场就已经不行了……可能我们处在一个相对来说天时不太好的时候。"雷磊说。去年 7 月真实故事计划上线时，微信公众平台增长红利期已过，内容市场高地几乎被瓜分殆尽，尽管上线前获得了平安创投和高樟资本的 300 万元天使投资，生存压力依然存在。

写作熬的是慢功夫，创业则逼人狂奔。与依托 ONE 的亭东非虚构组、网易"人间（the Livings）"、界面"正午故事"以及带公益性质的"地平线""谷雨"等其他一些国内主流非虚构写作平台相比，真实故事计划没什么"背景"，因而创业逻辑在其身上体现得最为突出。在同类项目中，真实故事计划对运营的重视几乎无人能及。要生存，就必须迅速从海量的公众号中"做出来"，不运营几无可能。

从文章标题、故事简介，到文字质感，再到留言区与读者互动的人设，真实故事计划都进行了精心设计，希望基于标准化的故事产品使读者形成稳定预期，即"以共同的气质打动读者"。

真实故事计划的文章标题几乎一色的平淡、简单、欲说还休，甚至可以用"性冷淡风"来形容。即便题材本身挑动大众神经，也会小心翼翼地绕开太过赤裸的标题。一篇故事题为《请行长不要摸着我的手》，讲述的是职场性骚扰，团队考虑是不是用"请行长不要摸着我的腿"，最终放弃。某些故事的标题甚至平淡到似乎什么也没说，如《妈妈帮我把零花钱存起来》。

"善良、克制、美"是公司的价值观，尤其是克制，被雷磊反复强调。"大家都追求刷屏，我们却越来越克制。"雷磊说。

无论是标题还是正文，他们都极力避免价值观的流露，拒绝抒情、煽情，突出事实本身，这令文本的解释空间更为广阔，也吸引了一群思考水平较高的读者。读者的稳定预期一旦形成，黏性也随之而来。他们甚至一度大胆尝试两个字的极简标题，效果同样很好。

2017年年初，真实故事计划的微信粉丝已接近20万人，多数最新文章的阅读量在3万～5万之间。如果跳过阅读量，单看评论区留言，许多文章会给人以"10万+"的错觉。这背后仍然是两个字：运营。

真实故事计划有意将自己的人格化形象塑造成一个中年男人。这个男人的特点是：有点丧，有点刻薄，似乎已经对什么都不再稀奇，但又有点有趣。尽管团队成员多数极年轻，但所有人在留言区与读者互动时，都会遵循这一人设，姿态放松，刻薄毒舌。因为是老灵魂，"调侃一下，逗一下，怼一下"，读者也不会见怪，反而觉得有趣。

从效果看，这一人设激发了读者的互动兴致，留言区整日热闹非凡。雷磊有自己的解释：很多看故事的人希望跟一个比自己经验多、比自己老成的人在一起，有安全感，话题也无所不包，跟一个萌妹子聊人生能聊什么呢？

成立几个月后，无论是阅读量还是读者的活跃度，真实故事计划在行业内都已属上乘。雷磊为真实故事计划设计了一个清晰的版权运营链条：首先，基于微信、知乎、今日头条等平台进行故事的互联网分发，尽可能做大阅读量；其次，出版电子书，优质内容增加曝光，第一本电子书《穿过这泥泞的人世间》已于2017年年初在知乎上架；再次，出版纸质精选书系或作者作品集，打造畅销书、畅销书作家，提升故事IP的变现力和平台影响力，2016年年底，真实故事计划已与某出版机构正式就出版纸质精选集与作者合集签约。

随着平台影响力的提升，前来找真实故事计划洽谈故事版权交易的影视出版机构越来越多，但雷磊不希望太快把故事卖出去，因为只有等链条完全打通后，故事的价值才能充分体现。

目前，尽可能增加阅读量和粉丝量是最可靠的做法。"大不了我们自己去弄广告，也能活下来。创业的根本逻辑是生存逻辑，不是美学逻辑。"雷磊说。

上游的上游

人多地广的中国，从来都不缺少故事，缺的是会写故事的人。

若论对人心的影响，眼下这批故事生产者们都拥有足够的自信；但若以金钱衡量，跟动辄估值数千万、上亿元的创业项目相比,他们离钱还有些远。

"这绝对不是个大生意。"迟宇宙说。被非虚构写作吸引的创业者最初多是情怀驱动,但真正把它当生意做的时候会发现,很难。

这跟国内非虚构写作市场仍有待培育有一定关系。一个市场要做大,必须有足够多的参与者。中国从来都不缺少故事,缺的是会写故事的人。目前,国内非虚构领域的主力写作者仍是在媒体接受过训练的一批人,而这远远不够。

李梓新在无意间踏入了上游的"上游"——写作培训。他是国内较早一批跳出体制创业的媒体人,2011年3月,李梓新创办"中国三明治",最初以记录国内身负多重压力的青年"夹心"人群的真实故事为定位,现在又多了一项:非虚构生活写作孵化平台。

在非虚构类作品的日常采写编辑之外,中国三明治推出了一系列旨在提高普通人写作能力的产品:提供创作灵感的阅读产品"字习社",半年提供120篇佳作及分析点评;每期连续30天的写作社群"每日书";还有开到台湾、大理、厦门、潮州等地,带有实地参访性质的写作工坊……

李梓新的努力得到越来越多专业写作者的支持。他将《智族GQ》总主笔何瑫,以《惊惶庞麦郎》一文成名、现任魁飒影业

CEO鲸书、前《人物》杂志副主编、现任36氪助理总裁张卓等一众优秀写作者请来，为普通人开设线上写作课堂，每次一个半小时，每周1次，连续4~6周。配合线上分享，他们还会向学员提供20篇推荐阅读文章、导师推荐的精选书单，且每周会布置练笔作业，进行导师点评和学员互评。

从课程的购买情况看，这似乎并非一个曲高和寡的事情。最近的几期定价899~999元的线上写作课堂，每次都有七八十人报名参加。学员背景十分多元，既有与写作看似毫不沾边的纯"素人"，也有粉丝众多的自媒体网红。

为了寻找和培养有潜力的写作者，也为了收集优秀故事并扩大平台影响力，中国三明治在2015年推出公益性旗舰项目——"破茧计划"，每年从数百名报名者中筛选出十几人，接受十几位大咖导师的一年免费指导，寻求写作上的突破。2016年，由首批"破茧计划"学员作品组成的首部文集出版。

感知到上游人才缺失并付诸行动的并不只有中国三明治。

真实故事计划在刚刚上线时也曾举办"故事学院"，邀请王天挺、鲸书等知名写作者线上分享故事表达技巧，后来由于种种原因没有继续。雷磊称粉丝规模再上一个级别之后，他们会考虑规模化地开发相关产品。

此外，由企业家出资支持的"地平线"、腾讯公益慈善基金会、腾讯网支持发起的"谷雨故事"等公益性非虚构写作项目，也在以各自的方式为非虚构写作的创作者们提供经济以及传播上的支持。

这是一项注定要付出长期努力的工程。

※ ※ ※ ※ ※

每一个以非虚构写作作为创业方向的人，都或多或少带着一些改变世界的理想主义气质。

林珊珊说："真正的非虚构能够对接的影视，肯定是优质的影视，它不可能变成大烂片"。雷磊说，励志、鸡汤类的东西会使人变得越来越狭隘，现实题材的内容会让人保持视野的宽广和同理心，"哪怕是那些犯过罪的人，仍然跟我们分享了大部分人性。"迟宇宙说，"迄今为止在大陆没有一部成功的所谓商战题材的东西"。李梓新说："表达是很重要的……但今天大家有点看低了文字的能力。"

然而，就像编剧宋方金在一篇采访稿中将国内影视圈形容为"文人加强盗加资本加黑社会"一样，任何一个行业的现实运作逻辑都非个人能够把控。有时甚至连"真实"这个最核心的标签，维护起来都颇费力气。比如，由于读者来稿的真实性很难核验，真实故事计划常常面临质疑。在某次线上交流中雷磊说：

"真实是我们的追求，但不是一个道德上的必要条件"，像是一种略带尴尬的妥协。

更重要的是，除了极端事件，现实生活很难像虚构小说那样充满戏剧性。2017年春节，真实故事计划推出一个半虚构作品的系列。雷磊在留言区写道："经常有读者说，'真实故事计划'的故事不够故事，希望可以在真实的基础上增加戏剧性"，但立即有读者提出："不要戏剧性，就要真实"。

如何平衡真实性与故事性，关乎这门生意的未来，也考验着所有相关创业者的智慧。在变数巨大的创业界，任何以恪守初心之名挑剔改变的苛求也许都是一种不近人情。

正如此前某位被采访者所说，生意场上没有谁会是某某模式的"原教旨主义者"，一切皆为生存，这正是真实世界的底色。

9　合纵文化：音乐跨界者的变现力 *

合纵文化不仅以"音乐＋空间"理念创造蓝海市场，还以标准化和专业化重塑行业边界，确立了多品牌音乐跨界者的变现力。

小张（化名）是深圳一位典型的"90后"文艺青年。在过去的一年里，他创造了一件在旁人看起来难以想象的单人纪录：除了大年三十以外，几乎天天泡在一家名叫胡桃里的音乐酒馆里。

和大多数"90后"的年轻人一样，"文艺吃货"和"搞音乐"几乎是小张最具个人特色的两大标签。就在不久前的朋友圈分享中，有关胡桃里的"赫本派对"和"白衣飘飘的年代"的图

---

* 本文作者姚音，《中欧商业评论》副主编。原载于《中欧商业评论》2016年第9期。

趣商业　趣玩耍：
大文娱时代的商业机会

片系列，也成为他有史以来被点赞最多的两条分享。这种体验让小张感觉棒极了，仿佛在同龄人中，自己已成为网红一般的存在。

小张这样的年轻群体正在撬动新一轮跨界消费热潮，胡桃里音乐酒馆就是这股浪潮中的一匹黑马。在短短的两年时间里，胡桃里独创的"咖啡＋餐饮＋酒吧"15小时经营模式快速扩张至全国130多家门店。而就在今年4月，在被誉为中国商业地产界奥斯卡的"中国商业地产金坐标"颁奖盛典上，胡桃里音乐酒馆更成功逆袭了星巴克、海底捞等知名餐饮连锁品牌，荣获"金坐标——中国最具成长性连锁商业品牌"的殊荣。

事实上，"速成"品牌胡桃里源自一个偶然的品牌实验。"餐是一方面，音乐和文化更是核心，这才是我们的取与舍。"在胡桃里事业部总经理詹宗德看来，多品牌连锁战略本身就是一场有备之战。而其背后的母集团——深圳合纵文化集团13年来在音乐产业的垂直整合历程也浮出水面。

"夜场"蝶变

"音乐＋艺人"是合纵文化品牌的差异化竞争优势。

2003年，作为合纵文化前身的苏荷酒吧在南宁开业，第一次带入"慢摇"风,迅速席卷南宁、长沙、武汉、重庆、南京、广州和深圳。过去酒吧吵吵闹闹让人待不住的状况有了转变——在整个酒吧里设计四五个小舞台,让歌手演唱流动起来,拉近歌手与观众交互距离的"陪伴式"演出模式让顾客耳目一新。

"以音乐为核心,注重空间体验及服务"的苏荷模式引发业界争相模仿。根据合纵文化集团品牌总监、《中国好声音》第一季16强选手尼克的回忆,最高峰期间,业内模仿苏荷的酒吧多达200多家。2005年,"苏荷标准"被推出,成为业内广泛认可的酒吧经营范式和管理标准。随后,武汉的江滩迪吧一夜溃堤。2006年,广州苏荷开始在中国酒吧行业率先创生VJ概念(Visual Jockey,负责提供影像的人),其高品质品牌酒吧战略也在这一时期日渐成形。

众多同行纷纷选择追随苏荷模式,却鲜有人思考过这样一个问题:究竟什么才是苏荷的秘密武器?

联合创始人团队成员、合纵文化集团总裁闭启泉给出的答案是:苏荷的"音乐生产力"。伴随苏荷品牌快速做大的重要因素在于不断推出优秀歌手,其中有不少人通过各大选秀节目声名鹊起。

早在创业之初,合纵文化集团董事长李华宾就开始有意识地吸纳实力、艺能俱佳的音乐人加盟。首先,他选人的标准很简单:

艺人必须要有自己的风格。随着第一季《中国好声音》的金池、尼克，第二届张恒远以及在第三届、第四届《中国好声音》脱颖而出的合纵歌手，《中国最强音》的超级奶爸林军、《完美声音》的成青等人的快速走红，苏荷迅速成为年轻歌手们的演出胜地，常年泡在长沙苏荷的导演和星探也变成了苏荷歌手实力的最佳背书。

其次，围绕不同歌手的风格与不同空间的音乐需求与整体调性，创始团队开始锁定各类与歌手、场景相关的音乐资源库与产品线。2009年，苏荷借助选秀节目的第一波影响力，尝试与金牌大风、EQ唱片等音乐实体联合，推出一批有影响力的职业歌手。随后，李华宾又成功地收购TrueCOLOR本色酒吧，首创了派对式夜店实体，并于2010年联合钱柜技术团队共同打造了高端KTV——纯K。由此，苏荷基本打通了草根歌手职业规划的完整通道：第一梯队通过选秀发片模式成为专业艺人，走经纪人包装模式；第二梯队选择苏荷、本色、繁花、胡桃里等现场表演（图9-1）。

"我们在艺人的业务管理上有很多规范。在我们内部，关于应该唱什么，以及怎样去演绎，都有对应的公式，这叫音乐生产力。"歌手出身的尼克说，苏荷从来不会特别去"捧"某一个艺人，对跑场奔钱而来的歌手一律说"不"，而且歌手必须在合纵的系统进行培训并签约。不同品牌的现场演出，都有特定风格的曲库、伴奏、视频制作，甚至播放软件也要进行再制作，有的甚

9 合纵文化：音乐跨界者的变现力

浙江卫视《中国好声音》	金池 尼克 张恒远 张智勇 莉娃
《中国最强音》	林军
云南卫视《完美声音》	成青
东方卫视《中国梦之声》	李祥祥 冯碧云
中央台《星光大道》	花僮
北京卫视《最美和声》	肖懿航
《中国好歌曲》	裸儿

图 9-1　合纵音乐学院明星学员

至细化为演艺"颗粒"和特效部分。这些需求的深入开发为之后苏荷音乐研发部门的成立埋下伏笔。

连什么？锁什么？

"一、定标准，二、给工具，三、检查督导，四、总结。总结以后再回过头去修正原来所谓的标准，开始新的循环。"

在尼克看来，从直营到加盟，是回应市场变化的顺势而为。另一方面，艺人梯队的不断壮大、音乐生产力模式的不断升级，以及酒吧管理标准化软件技术平台的搭建，也给了团队平台化管理合作伙伴的自信心。

"从我们第一天决定要做品牌连锁的时候，就已经在思考连锁机构究竟连什么？锁什么？"闭启泉早年曾是广东歌坛的实力唱将，转型做企业之后，他将没事哼几句的心头好放下，专注于企业核心竞争力的把控。

多品牌的运营需要时刻拉紧"边界感"这根弦。比如，同为音乐酒吧空间的本色酒吧，从设计、运营、市场营销、音乐团队等，都不允许在苏荷呆过的人去参与，"就是担心两个品牌太像！"在合纵内部，但凡拟推一个新品牌，主要班底必须全部重新聘请。目前，合纵所有品牌都单独成立品牌事业部。另一方面，集团层面则需要将规模优势发挥到极致。包括招商、物业审核、集团物资采购以及各种后勤保障体系等都统一管控起来，以达到"连得起、锁得住"。

"一、定标准，二、给工具，三、检查督导，四、总结。总结以后再回过头去修正原来所谓的标准，开始一个新的循环。"闭启泉眼中的连锁加盟管理，其核心就是这套朴素的方法论。"就像一个机器一样，我不仅要告诉你螺丝怎么拧，还要配一把扳手给你。"

2011年，苏荷迎来多品牌齐头并进的加速期，并开始以合纵文化集团的身份推出各类时尚、餐饮、娱乐和文化类品牌。其中，苏荷以总服务1.2亿人、签约歌手艺人近1 700名、每周客流50万人次、覆盖120个城市的规模成为中国最大的酒吧连锁

9 合纵文化：音乐跨界者的变现力

品牌；胡桃里也以"酒吧＋餐厅＋咖啡馆"的混血儿融合模式，打造一站式超15小时的娱乐新地标。除此之外，在合纵品牌管理平台的池子里，还先后包括本色、纯K、繁花、Fusion276、杂咖、泰炯、事外、蝴蝶梦、太阳谷等11个品牌（图9-2）。

闭启泉在回应"为什么合纵的新品牌能打一个火一个"时坦言："找准每一个品牌的DNA，再切片，始终关心定位是什么，核心是什么。"事实证明，合纵多年来在娱乐行业总结出的各种方法论，已经经受了市场的检验。每个行业都有自己的规律所

图9-2 合纵发展里程碑

在，很多事情看似容易实操却很难。"我们把这些市场实战中的真谛提取出来，能够让加盟商少走很多弯路。"

如今，合纵的加盟连锁标准修订即将推出2017版，管理团队一直在琢磨是否有更卓越的管理理念，"未来，我们会反过来思考，给每一个品牌加盟商去评定星级，通过星级的标准让大家看到服务的水准以及应该如何提升，也检查分店有没有达到标准。这就是属于'锁'的部分。"

至于如何更好地实现"连接"，闭启泉给出了自己的思考。"产业链的第一步，我们认为是培训。"早在2008年，苏荷就在"音乐中心"大板块里开始试水DJ培训学校，而后又延伸到歌手培训、舞蹈培训。随着加盟店业务需求的扩充，近年来，不仅有关于演艺人员的培训以及回训需求，有关门店经营管理核心团队的标准化输出也迅速升温。合纵集团顺势推出合纵音乐学院，自招生的第一天起，就自带"定制化"属性。不少专业艺术院校毕业的艺人，毕业后直接要求到该机构"继续深造"，如同拿到一张"就业"的门票。

以目前拥有120家门店的胡桃里品牌来说，按平均每家店配备原唱歌手6人的需求看，已开业的近50家门店（不包括正在装修中的另70家加盟店）一年的歌手"刚需"就有近400人。为了保持艺人表演的新鲜感，每家门店的歌手每三个月都需要轮转一次。对于主打音乐表演吸引客流的加盟商而言，只有依赖于合纵音乐学院源源不断地艺人输出，才能满足门店的需求。

胡桃里事业部总经理詹宗德介绍称，从合纵音乐学院的培养目标来看，学员毕业前就会由老师推荐给各个品牌，然后由各品牌的音乐主管去集中招聘。比如胡桃里就会选择弹唱熟练的吉他歌手或者鼓手型歌手。应聘完成后，各个品牌还需要结合自身的音乐风格再复训大概半个月，比如针对品牌的服装、歌曲以及乐队各部分的编曲定位，打造统一音乐团队后才能正式亮相。

除此之外，各大品牌体系内从设计、装修、耗材的采购、餐饮菜品的把控、酒品的供应，甚至核心运营团队的集中招聘，都与合纵集团总部的标准化管控息息相关。正是严格按照这一连锁服务流程，仅从胡桃里目前的加盟店来看，整体成活率就达到97%以上。这对于挣扎在餐饮红海竞争漩涡中的传统企业而言是难以想象的。

品牌人性说

合纵旗下的众多品牌，每一个都自带一种活生生的"人性"。

或许，洞悉"人性"才是企业自我驱动的最关键要素。

如果说苏荷代表的是一种健康和放松，胡桃里则更多是一种接地气的文艺；而到了广州本色店，站在巨幕视频墙前，一种穿越与梦幻感又折射出每个人想要抽离生活的内心冲动。

如果将每个品牌拟人化，苏荷就像一个爱音乐的公司白领，胡桃里就像一个戴眼镜的秀气女教师，本色像是一个时尚的潮人，繁花又如爱浪漫的热恋情人。

"事实上，每一个品牌都有一群原点客户，他们大量存在于每一个城市，能够类型化，需要有一个具体的场所来把自己唤醒，音乐就具备这种魔力。"詹宗德举例说，胡桃里就是通过体现诗歌、音乐、舞蹈、插花等行为标签辨识出自己的文艺青年客群。

如今的合纵集团已是拥有2万多名员工的产业集团。一方面，基于音乐风格与音乐工业打造的纵深度，合纵在产业链的专业实力升级方面还大有可为；另一方面，泛娱乐服务商业已形成一个又一个细分领域的变现闭环。

以合纵旗下的合晟酒业与金悦酒业来说，每年仅供应各大品牌的加盟店，红酒与洋酒的年销售量就已经达到一定规模，这又为合纵集中采购以及整合上游酒类产业链提供了话语权。

具体到"人"的管理，在合纵也分为两个维度。首先，针对歌手艺人，合纵将其作为战略核心资产，处处体现人文关怀。艺人有感性、细腻多变的一面，就时常需要各地区的音乐主管给予

9 合纵文化：音乐跨界者的变现力

"温度感"。

包吃、包住、包车费、包体检，"每个歌手都是单人间、电梯房，走路上班不能超过十分钟路程，冬天必须有暖气，热天必须有空调。晚上必须安排宵夜，每个房间都有遮光布。沟通必须面对面……"詹宗德表示，这些细节都成为公司针对加盟商输出过程中愈加严格的管理细则。

另一方面，对于艺人的专业表现，合纵内部有着极为严格的专业评级制度，"按照不同分工，每种类型的艺人基本都有三个等级标准，钱只是一部分，更重要的是打造专业的平台和空间，给艺人一个能跟音乐直接交流的平台"。2016年以来，结合粉丝经济，合纵对签约歌手提出新的KPI目标，要求艺人自己管理自己，发展自己的粉丝，公司则依据粉丝体量的增长做出原创单曲发片、个人衍生产品发行等奖励等级。

对于一些已经"退役"的老艺人来，合纵则推出扶持其内部创业的基金计划，目前，仅胡桃里品牌就有两位歌手成功转型，从服务员、厨房做起，经过3～6个月的实习，直到成为店长，拥有门店股份。对于合纵来说，团结志同道合的伙伴才是事业不断成功的关键。

在企业管理层面，合纵则坚持管理规则的简单化。过去，部门和部门之间是配合关系，如今"一切回归用户体验"，从客户

趣商业　趣玩耍：
大文娱时代的商业机会

服务关系出发，提倡内外客户打分，满意度越好，相关部门当年的整体收益就越高。"我只做这一条要求，让所有的内部损失自动找出责任人去分解。"

※ ※ ※ ※ ※ ※

从主打娱乐文化 11 个品牌的连锁专业户，到专注于音乐工业阵地的 7 家细分企业，再到产业链配套供应和服务的 7 类服务机构（图 9-3），边奔跑边思考的合纵文化从不自我设限。在可预见的未来，它仍将不断突破产业的边界，在"音乐+"的世界里领跑。

图 9-3　合纵全产业链版图

第三部分
会玩耍

10 bilibili：不只是弹幕*

很多人把 B 站看成一家视频网站，殊不知它的核心竞争力是文化和圈子。

"来来来，票子要伐、票子要伐？"
"兄弟，还有多余的票子伐，高价回收。"
……

今年 7 月下旬的一个周末，上海体育场地铁站到体育场入口的一两百米路段，数十名"黄牛"在卖力地吆喝。叫卖的并不是某位流行歌手的演唱会门票，而是一场来自"二次元"人群集会的入场券。经验老到的票贩子们可能怎么也想不通，这么一个一

---

* 本文作者潘鑫磊，《中欧商业评论》资深编辑。原载于《中欧商业评论》2015 年第 9 期。

般大众闻所未闻的活动，也能卖出内场1 280元的高价，而且一票难求。

当天把这些"二次元"人群聚集起来的是一个叫作"bilibili"（中文名是哔哩哔哩，常称B站）的动漫视频网站，核心用户是大多数时间游走在主流视线外的人。2013年，B站首次举办的"二次元"小伙伴线下聚会也是在上海，当时的规模是800人；今年是第三年，总共来了8 000人，门票在开卖后的45小时内售罄。

听上去有点疯狂？站在"二次元"的视角看，当晚的活动无非是在一个挤满了人的体育馆里，一帮十几二十岁左右的小朋友们对着台上那些在B站上传过各种动漫主题歌曲、舞蹈、脱口秀、恶搞视频、游戏作品的创作者（俗称"up主"，指上传发布视频的人），以及一些动漫歌曲演唱者欢呼尖叫了四个小时。舞台两边还各配上一块弹幕横飞（可以理解为大量吐槽类评论从屏幕飘过时的效果）的超大屏幕。

但如果你在现场，很可能不会认同这样的简单概括。而是多半会有这样一种感觉：虽然不知道这群年轻人在尖叫些什么，但激动、热烈、拥有强烈归属感的氛围是真诚且少见的，绝不亚于任何一个流行巨星能享受到的待遇。

为什么会有这么一群人？为什么是现在？最关键的是，为什么是B站？

10 bilibili：不只是弹幕

"我不正常，还是这个产品不正常？"

陈睿，"70后"。翻看他前三十多年的履历，算得上一位颇有成就的互联网人士：金山软件最年轻的事业部总经理、雷军的学生、以联合创始人的身份将猎豹移动运作上市……

但去年，陈睿离职猎豹移动，加盟B站担任执行董事，现任公司董事长。当时在纽交所上市的猎豹移动市值有30亿美元，陈睿作为猎豹的第三号人物，离职意味着无法兑现一笔价值不菲的股权。但陈睿等这一天等得太久，用他的话说，过了35岁后必须要完成一场说走就走的"旅行"。其实，陈睿的另一面是个资历超过二十年的动漫达人，在B站的ID是两万零几号，也就是B站最早的两万名用户之一，是一个绝对的元老级用户。

2010年，奔波于猎豹移动各类事务的陈睿在朋友推荐下上了B站，从此一发不可收。"当时我顶着巨大的业绩压力，除了每天干活，就只有上B站这么一点乐趣，连续上了差不多一年的时间。我当时就非常深刻地感觉到这个产品很特别，因为它会让人有一种沉迷的感觉，而且是发自内心的沉迷。"

陈睿形容的这种让人沉迷的B站产品形态，今天也没有多少改变：up主创作投稿，用户去看，看的时候有弹幕，用户在弹幕评论里面吐槽。这让一群和陈睿一样的"二次元"人群有了种发现新大陆的感觉。

"我当时一直在想,到底是我不正常,还是这个产品不正常?因为我本身是做互联网产品的,像这种社交娱乐属性的产品很难让人在一年里每天都上,这是一件非常不容易的事。但这个产品在功能上其实很简单,所以,我当时总结的感觉是我还是正常的,应该是这个产品比较特殊。"

带着一种铁杆用户的热情,陈睿在2011年联系上B站创始人徐逸。当时,徐逸才22岁,正带着其他三个小伙伴挤在杭州一间租来的民房,吃喝拉撒和B站运营都在这里解决。说运营还不太准确,因为他们当时并没有注册公司,网站收入主要来自搜索引擎的广告,一个月也就几万元钱,而每个月网站的维护成本超过10万元。

陈睿觉得这个四人小分队很有战斗力,而且感觉到徐逸想把B站做得更好,于是,出于理性决策和作为铁杆用户的支持,陈睿投资了B站。今天,B站把总部搬到上海的写字楼,在北京和东京均有办事处,注册用户突破5 000万。

弹幕之外

如果用一个词来形容B站,很多人会选择"弹幕"。这个另

10 bilibili：不只是弹幕

类的视频系统起源于日本动漫圈，大量吐槽评论从屏幕飘过时的效果看上去像是飞行射击游戏里的弹幕，故而由此得名。B 站是国内最早引进这一视频系统的动漫网站之一，这种不好好看视频的新奇方式网罗了一批"二次元"人群。

用户可以凭直觉很快决定是否成为"弹幕一族"，但对投资人来说可没那么容易。两年前，有一位曾对 B 站感兴趣的投资人如此描述第一次看弹幕视频的感受，"实在想不清楚这种东西为什么能火？满屏幕都是字，图像都被挡住了，到底是想看什么"。投资人口中的"火"，指的是 B 站当时在没有任何推广的情况下就获得 200 万左右的日访问量，今天，这个数字已经超过 800 万（图 10-1）。

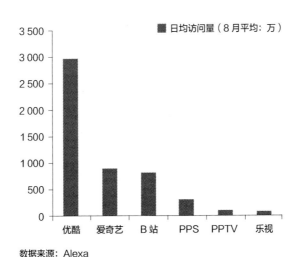

图 10-1　B 站与主流视频网站流量对比

以行业视角来看，800万这一量级属于绝对的视频网站第一梯队。要知道，那些主流视频网站动辄几亿的用户覆盖，而B站的用户数量不过是其零头。这位投资人慢慢意识到，虽然自己看不懂，但这或许是新一代年轻人表现时髦的方式，于是，他带着团队花了两个月的时间，做了1 000多个访谈，发现原来还真有一群人喜欢这么看视频。

B站成了"弹幕"和"二次元"人群首选的聚集地。这群人异常年轻：75%的用户是"90后"、超过三分之一的用户年龄在17岁以下，甚至有不少还是小学生……在陈睿看来，B站用户群体的极端年轻化和整个社会的发展阶段密切相关。对于"70后""80后"一代来说，他们成长阶段接触的信息和新事物极度有限，一来资源本身就少，二来当时的媒体环境是典型的中心式传播。而互联网环境下长大的"90后""00后"，能选择的东西太多了，媒体的中心式传播也被各种新兴技术手段迅速肢解，信息从匮乏变为海量。再加上互联网能把一批拥有相同兴趣爱好的人聚集在一起，不管你的爱好有多"奇葩"，总能在网上找到和你志趣相投或者"臭味相投"的人，极端细分需求在这个时代可以被很好地满足。所以，B站就成了众多互联网去中心结构图谱中的一支，"弹幕"和"二次元"只是表现形式上的差异，本质是兴趣和人群的聚合。

谁掌握话语权，谁就定义主流

从 2009 年创立到今天，B 站已走过整整 6 年，但它真正走进大众视野是在 2014 年。在此之前，媒体对 B 站和弹幕的报道几乎为零，但自 2014 年起，B 站和它特有的弹幕文化受到越来越多的关注。各大主流视频网站开始上线弹幕评论功能；湖南卫视在去年下半年尝试引入弹幕直播；不少电影新片上映的时候会专门做弹幕专场放映；在近来火热的移动互联创业大潮中，各类主打娱乐社交的 APP 如果不带个弹幕功能，都会让人觉得 out；甚至在最近一些备受关注的科技产品发布会上，主办方在发布进行现场直播的视频网站名单时，B 站也赫然在列。

这是怎么了？在陈睿看来，B 站是一个不折不扣的小众产品。弹幕产生的文化背景是因为孤独，它来源于爱好的孤独感。就像人为什么要去看演唱会？因为到了演唱会你可以和大家一样名正言顺地"发疯"，而不可能自己在家里看视频直播也摇着荧光棒嗨到不行。兴趣上的共鸣是人的刚需，这也是弹幕的本质。B 站最早能够吸引到一批忠实用户，就是因为它让小众人群产生独一无二的感受。这本是一条小众之路，没想到走着走着，同行的人越来越多。

这意味着 B 站已经告别亚文化并进入主流文化了吗？陈睿

的评判标准是，看这个文化的受众是否拥有社会话语权。"举个例子，上 B 站的人肯定比看歌剧和看话剧的人多得多，为什么大家不认为看歌剧、话剧是非主流，却认为 B 站是非主流？因为看歌剧、话剧的人都是这个社会的上流人士，话语权掌握在他们手上。然而，等到现在这批年轻人拥有社会话语权的时候，现在所谓的亚文化就会被重新审视。就像现在大家不会认为周杰伦是亚文化，但在我上高中的时候，周杰伦是典型的亚文化，唱歌词儿都吐不清楚。"

眼下，B 站可能仍被认为是"小孩搞的东西"，但未来呢？"未来世界终将是由年轻人主导的，需求也是由年轻人推动的，所有文化的发展都是从年轻人群向大众人群辐射、从经济和文化发达的地区向不发达的地区辐射。"陈睿说，"文化传播的典型路径就是这样，未来的主流文化会有很多，B 站很可能是其中的一极。"

一半是互联网，一半是文化

6 年时间，对一家互联网公司来说，成立时间不算短了。但 B 站依然把自己看成一家创业公司。如果以一家经营文化的公司来定义自己，B 站确实还年轻得很。陈睿打趣说，只有行业里的人才把B站看作是一家视频网站,其实它的核心竞争力是文化和圈子,更像一个年轻人的文化品牌和生活方式。

若是纯互联网基因的公司,一般路径是通过各种推广去抢流量、铺人群、实现用户过亿。但B站奉行"少即是多","慢牛"更健康。首先,B站的用户积累依靠口碑传播;其次,B站对开放新用户注册一直很小心,有一段时间甚至关闭了新用户注册通道,只在特定节日才开放。即便今天已经完全放开,新用户也要首先回答一套难度颇高的"二次元"试卷,分数合格者才能成为正式用户。

"无论是从情感上还是从理性的公司经营上,我们当然希望B站用户越来越多,但问题是,我们也希望用户都拥有一个很好的体验。当人数过多时,我们不确定还能不能达到这种体验,所以,只能选择让一部分人特别满意。其实这是一个很现实的问题,因为B站是一个基于兴趣的社区,用户之所以聚在这里,是因为周围的人和你有相同的兴趣和文化共鸣,假如这种共鸣消退了,那就不是B站了。"陈睿说。

如今的B站已经从最早的动漫视频,扩展到音乐、舞蹈、游戏、科技、鬼畜(恶搞类视频)、电影等子频道。单看点击量,各个子频道之间的差异并不小,用户会更偏好某些类型的内容,但B站并不会刻意去引导用户关注这些热门内容,更不会有所谓的核心用户和非核心用户之分。

"B站的创始团队，包括我曾经都是小众人群，如果我们还去划核心跟非核心用户，就跟创立B站的理念违背了。我们从来不会认为某一个人群更核心，某一个人群更不核心；某一个人群更深度，某一个人群更不深度。"

在陈睿看来，B站随后扩展的新领域完全属于自发的"野蛮生长"，各个子频道都有一群up主愿意上传视频，同时又能对应找到一群喜好这类内容的用户，决定权都在用户。甚至连B站首页的频道排序都可以由用户自由调整。陈睿认为社群管理的方式大同小异，核心就两条：一是保证相对公平，二是让用户觉得自己有话语权。

所以，在B站会出现一个很神奇的现象：用户和up主之间的关系异常亲近，这在近几年B站的线下聚会上体现得尤为明显。一些知名up主一出场，场下一定响起雷鸣般的欢呼。对于用户而言，这些up主是真实存在的个人，用户认可他们花心思做出来的视频，整个互动就像交朋友一样。不需要天天见面，但几句话一说，就有知己的感觉。这就是B站不只是一个视频网站的原因，它更像一个圈子，虽然不大，但每一个参与者都玩得很嗨。

唯一重要的事

随着 B 站慢慢进入大众视线，它开始接受来自主流世界的审视。问题主要集中在：这样一家定位如此小众的网站到底有多大的商业价值？

陈睿直言，从没想刻意把 B 站做成一个流行的大众产品，或者一个多么成功的商业案例。B 站对商业化、盈利模式这类的措辞显得十分谨慎，但与此同时，也开始推出诸多新业务，陈睿把这些业务称为"落地"，比如举办线下"二次元"人群聚会、进军动漫自制剧、游戏的合作代理、赴日旅游团以及一些周边产品销售。陈睿并不认同这些举动意味着 B 站要急着赚钱。

"这些都是跟着用户的需求走，为什么要做线下的用户集会？因为我们发现用户很喜欢这种面对面的交流，他们也非常乐意当面见见他们喜欢的 up 主。为什么要做一些 B 站相关的周边产品？因为用户喜欢，花钱不就是买个高兴吗？为什么要做去日本的旅游项目？因为热爱动漫的人都有一个去日本旅游的梦，他不需要去传统的景点或者商场购物，就想去看看那些动漫里出现的东西。我们现在的人力不足，产品一推就抢购一空，还经常对外抱歉'产能不足'。"

陈睿唯一担心的是，B 站还能不能让越来越多的人爱它，还能不能让用户感受到只有两万人时的那种氛围和共鸣,他觉得这是目前唯一重要的事。

"落地"的动作快慢、用力轻重,对于不同用户来说,感受可能是迥异的。B站未来最大的考验,或许就在于能否调和好这群人的不同立场和预期,并跟随他们去变化和成长,让这群人始终能够气味相投。至于"二次元"是否终将成为主流,这并不是"最重要的事"。

"二次元"人群

"二次元"是ACG(Animation、Comic、Game)文化中对动画、漫画、游戏等作品中虚构世界的一种称呼。由于早期的动画、游戏作品都以二维图像构成,被称为"二次元世界";与之相对的是"三次元",即我们的现实世界。"二次元"人群常指那些动画、动漫和游戏的爱好者们。

11 秒拍成"兽"记 *

依托秒拍和小咖秀两款主打产品,一下科技经历 5 轮融资,用了 4 年时间,成长为短视频行业里的独角兽,而这一切才刚刚开始。

出色的创业公司很多,但火到连开场新闻发布会都一票难求的并不多见,一下科技就是一家这样的公司。在其 2015 年 11 月的 D 轮融资发布会上,新浪董事长曹国伟、分众传媒创始人江南春、红杉资本合伙人沈南鹏等大佬前来助阵,李冰冰、任泉、贾乃亮、女子团体 SNH48 等一众娱乐圈红人也来站台。原定容纳 200 人的会场硬是塞下 500 多人。这样的阵势,比当天发布的

---

* 本文作者潘鑫磊。原载于《中欧商业评论》2016 年第 1 期。

趣商业　趣玩耍：
大文娱时代的商业机会

"融资两亿美元、估值10亿美元"的消息本身更抓人眼球。

虽然许多人对"一下科技"这个名字并不熟悉，但它旗下的两款App——秒拍和小咖秀则正当红：秒拍已是国内最大的短视频播放平台，日播放量超过5亿次，与市值50亿美元的优酷土豆移动端的日播放量相当；小咖秀上线三个月便收获1 500万用户，在苹果商店的免费应用榜连续登顶41天，这个纪录在全球范围内至今无人能破。光鲜背后，这只"新晋独角兽"到底经历了哪些坚持、试错和成长？

起点：5万美元和一位连续创业者

一下科技的天使轮融资只有5万美元。按今天的估值，当初的投资方晨兴也许已赚了几百甚至上千倍，且只用了四年时间。外人可能会说晨兴运气好，捡了个大便宜，但事实并非如此。因为这次创业本身就"不差钱"。

"70后"韩坤是一下科技的创始人兼CEO，此前已是一名成功的连续创业者。韩坤靠做导航网站赚到了人生第一桶金，当时月收入已超过10万元，后来，网站被百度用数千万元收购，韩坤实现财务自由，那年他26岁。当时互联网在中国刚刚兴起，旗帜是三大门户（新浪、搜狐和网易），来自安徽省某个小县城

11 秒拍成"兽"记

的韩坤作了一个决定:去搜狐做夜班编辑。他的想法很简单,去大公司学习和锻炼,结果不到 5 年便升任搜狐网高级副总裁。之后,韩坤离开搜狐,参与创立了视频网站酷 6,4 年后酷 6 在纳斯达克上市。

看上去顺风顺水,功成名就,但韩坤本人却说,"这些事情没有一件让我特别有成就感"。最大的遗憾来自酷 6,韩坤当时的梦想是把酷 6 做成中国的 Youtube,却"最后做成了一个电影站"。

就在此时,晨兴找到了韩坤,称现在有个机会可以实现他的夙愿,不过不是在 PC 上,而是手机。当时是 2011 年,3G 网络刚刚开始普及,以 iPhone4 为代表的智能手机在中国大卖,这一

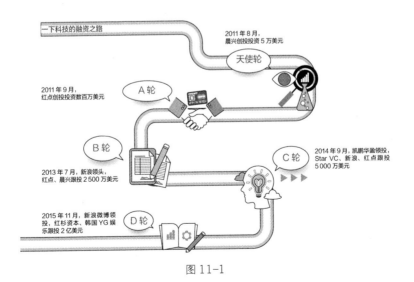

图 11-1

年被视为中国移动互联网的元年。在晨兴的鼓动下，韩坤创立了一下科技。

"酷6为什么做成了电影站？一是设备不足，中国当时DV年产量才100万台，没足够的设备怎么能产生足够的视频？二是用户习惯，当时国内用户不像现在的年轻人那么愿意去娱乐和分享。"韩坤分析。2011年，智能手机迎来大爆发，尤其是安卓手机的价格已经很便宜，相当于每个手机用户都有一台摄像机，手机是短视频的天然生存地。此外，更爱表达和分享的"90后"也起来了。韩坤看到了不可错过的机会。

资本的嗅觉是敏锐的。就在晨兴投资后的一个多月，美国知名VC红点创投又领投了一个数百万美元的A轮，这可能是创业公司里间隔时间最短的两轮融资。

转折：秒拍出世

2013年7月，一下科技完成B轮融资，新浪领投、红点和晨兴跟投2 500万美元。选择新浪作为战略投资方，是韩坤和他的一下科技在短视频领域布局的关键一步。对UGC（User-generated Content，用户生产内容）平台来说，一个活跃的社交平台对于内容的传播与用户的互动至关重要，新浪微博比微信朋友圈在内容引爆上更具优势。

但此时，一下科技还没有找到最合适的短视频产品。在 B 轮融资前的一两年里，摸索着做了几款短视频 App，但反响寥寥。当时没有人知道什么样的移动端视频产品才会受欢迎，只有不断去迭代试错。一下科技早期的短视频 App 是不限制拍摄时长的，但当时国内的网络环境还处在 2G 向 3G 的过渡阶段，数据传输速度制约了视频产品的发展。

除此之外，早期产品还有一个问题：只要是能实现的功能，全都加在产品上，但结果发现用户并不知道要去拍什么。团队开始对产品不断简化，但情况并没有改观。直到有一天，他们在产品设计上做了一个小小的改变。"只让拍 10 秒，因为很多精彩瞬间就是 10 秒钟，人是很奇怪的，你让他随便拍，他不知道拍什么，限制 10 秒，他反倒会拍出很多内容。"韩坤说。

这个只能拍 10 秒的应用就是秒拍，2013 年 10 月正式上线，在随后的半年里迎来一波爆发，用户数突破 1 000 万。正当韩坤以为秒拍可以借助新浪在微博上一飞冲天时，一个新玩家——美拍杀了出来。这是一款偏工具的短视频应用，亮点是有各种效果的滤镜和配乐供用户使用。美拍突然成了"爆款"，上线 9 个月用户过亿，而超级 App 微信达到这个数字用了 14 个月。

秒拍一下被甩到了后面。韩坤有点慌。一个字，抄！但当秒拍用三个月时间上线类似的工具功能时，美拍又出了新的版本，就这样反反复复地追了几个月，韩坤突然觉得不大对劲。

"追了四五个月，还是追不上。我们就开始反思自己的优势到底在哪？真的是在工具上吗？工具总有被用烦用腻的一天，但如果每天都有新的内容给用户看，就算工具变了，用户还是会跟着你。所以，当时我们整体转向，工具是要做好，但重心应该放在内容上。"韩坤说。

高潮："微博+明星"造爆款

一下科技的C轮融资在2014年9月。凯鹏华盈领投，Star VC、新浪、红点跟投5 000万美元，估值达到1亿美元。新进入的Star VC的三位创始合伙人是黄晓明、任泉和李冰冰，一下科技是这支明星基金投的第一个项目。他们进入的时点非常关键，因为秒拍正在预谋一场引爆微博的活动，明星VC帮上了大忙。

当时，美国兴起了一场名为"冰桶挑战赛"的慈善活动，规则很简单，参与者将一桶冰水淋在自己头上，然后就可点名3个人接受挑战，被邀请者如果不应战，就需要向ALS（肌萎缩侧索硬化症，又称渐冻人症）协会至少捐款100美元。8月18日，北京瓷娃娃罕见病关爱中心发起了中国的"冰桶挑战"，希望大

11 秒拍成"兽"记

家能关注和渐冻人处境一样的其他罕见病群体。

凭借在搜狐培养出来的媒体敏锐度,韩坤断定这个活动会火,而秒拍正好借势而上。浇一桶水差不多就是10秒的视频长度,天然适合秒拍。更重要的是,韩坤手里有微博平台和明星资源两张王牌。于是,一场空前的"病毒营销"在微博上演,短短几天,近百位演艺明星和商界大佬纷纷"湿身","冰桶挑战"在微博上的话题阅读量超过7亿,秒拍借此又迎来一波爆发,大大缩小了与美拍的距离。

真正让秒拍超越美拍、问鼎国内第一短视频平台的,是一款对口型App——小咖秀。这款依托于秒拍平台的短视频应用在2015年5月上线,只用了两个月时间就登上苹果商店免费应用榜榜首。当时,国内做对口型的短视频产品有好几家,形式本身并不是小咖秀成功的关键,真正的引爆路径和"冰桶挑战"的病毒式传播如出一辙,就是"微博+明星",只不过这两大势能在助推小咖秀时更加强劲。

当时,秒拍上已有1 000多位明星进驻,每个明星在微博上都有几千万到几万不等的粉丝群体,这种量级的传播速度是几何级的。演员蒋欣在微博上传的小咖秀自拍视频能在1小时内转发超过21万次。同时,微博和秒拍在2015年5月实现了排他性捆绑,秒拍成了微博唯一的短视频发布器,小咖秀正是在此时上线。再加上后期在湖南卫视等传统媒体平台的大面积曝光，小咖秀在苹果商店免费应用榜蝉联榜首41天，超出所有人的预期，韩坤形容这是"天下奇迹"。

有意思的是，小咖秀的开发完成只用了两天，背后是一套独创的多媒体开放框架。韩坤对外一直声称一下科技有三个核心产品，除去秒拍和小咖秀，第三个就是这套看不见的开放框架。韩坤形容它是"一切产品的底层，就像发动机一样"。目前，国内有两万多款App依托这个框架搭建，这也是此轮凯鹏华盈决定领投的另一关键原因。可见，一下科技不仅是一家踩准赛道的产品型公司，它的技术积累也足够重要。

待续：独角兽≠胜利

刚刚完成的D轮融资让一下科技跻身独角兽俱乐部，10亿美元的估值让很多人吃惊，包括投资人自己。周炜是凯鹏华盈主导这个项目的合伙人，他认定短视频领域会出"独角兽"，但没想到实现这个预言只用了一年。

韩坤也没料到这个行业爆发得如此之快。2014年年末，他在提出2015年目标的时候表示，如果秒拍2015年能实现每天两亿次播放，就给员工涨工资，带员工出去玩，还许了其他一堆承诺。"当时的感觉是,每天播放量达到两亿次是非常难的,结果我们在今年9月就实现了日播放量5亿次。"

单看秒拍和小咖秀,D轮融资并非必需。小咖秀本身已经能够盈利,因为有大量的影视剧制作方希望通过小咖秀提前露出内容,这是一笔日益壮大的现金流。更主要的原因是,一下科技在资本的使用上异常高效。"实际上,公司在A轮的时候,天使的钱还没开始用;B轮的时候,A轮的钱还没开始用;C轮的时候,B轮的钱还没开始用;D轮的时候,C轮的钱还在账上,1分钱都没用。"韩坤说。

细看一下科技的产品架构,会发现这家公司有巨大的扩张潜能。秒拍扮演的是"母鸡",小咖秀是秒拍孵化的"小鸡"。像小咖秀这样的内部创业团队,在公司内目前运作的有四五个。

韩坤强调,他特别反对将产品进行公司化运营。"现在很多创业公司的一个小产品会被很多部门管理,产品部门也想说了算,运营部门也想说了算,技术部门也想说了算,最后大家都说了不算,这是极大的效率消耗。我们公司的每一个产品都有独立的运营、技术和产品设计,每一个产品都有一个老大,拥有独立的决策权,秒拍作为最顶层的平台去提供各种支持,这样我们就可以有无限多的产品和无限多个老大。"

D轮融的两亿美元,为的是下一个"老大"——移动直播,也可以理解成秒拍这只"母鸡"孵化的另一只"小鸡"。国外可对标产品的估值已经超过1亿美元。尽管韩坤承认目前在中国市场推移动直播稍早了些,但他非常愿意花重金提前布局,赌5G时代的到来。"3G时代成就了微博和微信,4G时代带宽费用更便宜、速度更快,秒拍就是一个4G产品。移动直播对于流量的要求更高,我觉得5G也需要一个产品,形态很可能就是直播。"

韩坤把直播、秒拍和小咖秀列为一个三角矩阵,已经不能简单归为一个UGC平台,它更像是一个PGC(Professionally-generated Content,专业生产内容)平台,依靠名人、达人、媒体等各种意见领袖生产内容,去创造更多的头部流量。所谓头部流量,就是指10%的视频内容创造出50%的流量。一下科技要打造的是一艘短视频领域里的"航空母舰",这件事是韩坤每天只睡四个小时的最大动力。

"成为'独角兽'对公司来说的确是一个里程碑,但并不是说公司就胜利了,还差得很远。创业的成功率只有1%。"韩坤说。

12　唱吧：以变制变 *

陈华说："一个产品最重要的能力就是将人气沉淀下来，让用户在其中找到依依不舍、难以放弃的东西。"

对于陈华来说，两年多前唱吧的引爆还历历在目：2012年5月31日产品正式上线；5天后登上中国区 App Store 免费榜单首位；10天后获得100万用户；80天后用户数量突破1 000万……其火爆速度和程度令身为创始人和CEO的他始料未及。

然而，与许多移动互联网产品一样，唱吧也在一夜爆红后遭遇了瓶颈：就在用户突破千万大关后，产品吸引力骤降，老用户流失严重，新用户量却上不去。而爱唱、米吧等模仿者出现，也

---

* 本文采访者邓中华，《中欧商业评论》原编辑总监。作者刘婕。原载于《中欧商业评论》2015年第1期。

对它构成巨大的威胁。如果遵循之前的产品思路，唱吧很有可能会和其他"爆款"一样成为流星。为了应对，陈华选择以攻代守，不断增加功能、更新版本，向社区化演进的同时还在探索各种可行的商业模式。

截至 2014 年 12 月，唱吧的用户总量达 2 亿，日活跃人数达 3 000 多万。

先做工具，再做社区

用户在新鲜感过后就弃之不用？唱吧先降低门槛让用户进入，再强化社交关系链将用户黏住。

唱吧的快速引爆可以总结为两个原因：解决了需求，圈住了用户。在陈华看来，唱歌是人们在生活中真实存在的需求，唱吧在移动端满足了这一点；产品的三重激励机制又成功地刺激了用户的分享行为。唱吧会在用户唱完歌后显示其击败了多少人，鼓励大家将成绩"晒"到朋友圈；冲榜机制刺激用户拉动周围朋友为自己送花、转发以换取积分；整个体系运转起来后，明星和粉丝的关系初步形成，粉丝鼓动好友一起支持偶像，形成第三次传播。"三重分享体系让用户一来就将周围的人带动起来一起使用。"陈华说,"用户量没几天就上去了,而且成本非常低。"

然而,爱唱吧、米吧、人人爱唱等类似产品尾随而至,对仅有数百万用户的唱吧形成了巨大的威胁。为了防止被这些产品分流,陈华和他的团队决定迅速在产品中新增包括"合唱"在内的七八个功能,让对手"来不及抄"。此举颇有成效,到2012年11月,大多数竞争对手的用户规模还不及唱吧的几十分之一。

早期的唱吧在没有运营和推广的情况下,大量用户积累完全依赖产品设计,特别是应用本身的体验和规则去实现。但是当用户量突破千万时,陈华发现,一些设计和机制已不适用。比如,早期的全国榜对于许多人都有吸引力,因为每个人都有机会出现在榜单上。当人数激增,大部分用户很难上榜,在很大程度上打击了他们的积极性。为此,唱吧选择将用户"打散",按照地理位置划分出200多个地区榜,并制定了新的打榜机制:用户可以先上地方榜,再冲击全国榜。"当一部分用户跟不上产品一定台阶的时候,如何让每个人感觉到自己的存在感,这是需要一定的产品和技术手段去解决的。"陈华说。"小榜单可以适当地降低问题,但不能解决所有问题。"

如何避免新用户在鲜感过后就弃之不用?唱吧的做法可以总结为"先做工具,再做社区",即先降低门槛让用户进入,再强化社交关系链将用户黏住。

唱吧刚刚推出时，主要功能只有"唱歌"和"打榜"，这也符合当时陈华对产品的定位。"大家在安装手机应用的时候，首先想到的是功能，如计算器、手电筒等，而不是社区。"陈华解释，"我希望唱吧成为手机里的一个功能。你的手机能不能唱歌？不能？那就下载唱吧。"然而，用户唱完歌还不够，还需要有人听，有人捧。唱吧就让用户以微博、人人等账号登录，在第三方社交平台上分享音乐，"拉帮结伙"地帮自己助威。2014年年初，注册用户超过1.2亿时，唱吧推出了"包房K歌秀"的功能，有意将自发组建的小包房变为熟人圈子，在对用户进行分流的同时，也让更多人有了曝光机会。在2014年10月推出的6.0版本中，唱吧的社交和社区化属性再一次被凸显："聊天""发现"等功能放到了主菜单中，还新增了"附近群组""附近歌王"和"找朋友"等LBS（地理位置服务）功能。从2012年、2013年的"你的手机KTV"到2014年的"以K歌为话题的社交软件"，唱吧尝试通过重新定位，以弱化工具属性，强化社交基因的方式黏住亿量级用户。

按照陈华的话说，一个产品最重要的能力就是将人气沉淀下来，让用户在其中找到依依不舍、难以放弃的东西。"你在这里看到了自己的女神，所以要天天来捧；你在这里结识了一个好朋友，所以产生了依赖。于是，我们想方设法把社交的功能做强，让人们在我们的平台上形成非常强的关系网，这就是唱吧生命力能够持久的着力点。"

不懂唱歌，但要懂用户

保证唱吧用户的活跃度，陈华的秘诀是"改版不能停"。

在唱吧的开发团队中，"既没有人做过音乐，也没人唱歌好听"，可偏偏就是这群人能让这款产品持续走红。在陈华看来，懂得用户的心理更重要。"我们要分析用户的年龄段、教育背景、工作状态，甚至日常生活是什么样。他们为什么会持续玩下去，或者为什么玩了一阵子就不玩了？"他举了个例子，一个"80后"或"90后"的年轻人做着一份普通的工作，默默无闻，"但她唱歌唱得好，给她一个舞台，她就是一个巨星"。

让用户在虚拟世界里享受被关注的感觉，营造"众星捧月"般的氛围，唱吧需要建立起一套帮助用户成长、成名的体系，打榜就是其中一项。喜欢被围观夸赞、有明星梦的女孩是唱吧最主要的刚需用户群，因而"一定要吸引到美女上榜。她们来了，宅男自然就来了"。

歌手有走红的心理需求。在唱吧成名后，许多人已经与唱片公司签约，参与线下演出。虽然唱吧并没有从中得到经济利益，但陈华看得更长远："歌手自身有很强的赚钱能力，只要他们意识到这种机会是来自唱吧的，他们就会一直在这个平台上活跃下去。"粉丝的心理需求怎么解决？唱吧中的歌手与大牌明星不同，大都是草根出身。粉丝可以给歌手留言、私信互动、送礼物，甚至可以约出来聚会、见面。"歌手和粉丝是有关系的，而不像明星一样高高在上。"陈华说，"粉丝觉得自己的努力可以帮助歌手成就音乐梦想，使他们更知名，收获更多人气。"

用户的心理诉求往往可以体现在产品功能的使用频率上，唱吧通过对每个功能使用量的数据统计，能够发现哪些更受欢迎，哪些需要隐藏或者舍弃。"优秀的产品需要分几个阶段来打造，第一是把握用户心理，知道他们要什么，不要什么；第二是找到他们的核心痛点，围绕痛点提供解决办法，提供惊喜；第三是将解决方案在产品上实现，并且精细化运营，设计规则，让用户按照我们希望的路径去操作。"陈华说。

要保证唱吧用户的活跃度，陈华的秘诀是"改版不能停"。根据用户需求的变化，唱吧经常增减功能，甚至每隔一段时间重新梳理，对界面和结构作出较为重大的调整。对他来说，随着时代变化，用户习惯已经改变，产品的功能筛选和优先级排序也必须跟得上。比如在6.0版本，唱吧鼓励新用户通过手机号码注册，而在此之前，用户只能通过第三方社交网站账号登录。陈华解释，两年前人们不愿意在一款移动应用里输入自己的手机号，而现在这种排斥感已经消失了；那时的社交平台异常火爆，但现在如果还令用户必须以微博、人人账户登录唱吧，就已经不合时宜；不仅是功能，用户的审美观同样有所改变，唱吧也因此从之前的拟物风格进化为新版的扁平设计。"从用户的角度，他们追求的东西已经不一样了。原来的小孩子长大了，我们必须通过改变产品来承载他的变化。"陈华说，"每隔一两年，产品就要大改一番。中间修修补补的太多，重新梳理一遍，就会让产品一直保持一个年轻新鲜的感觉，用户活跃度就能一直保持下去。"

不将商业模式"锁死"

品牌知名度已经打响，在商业模式方面就有着更多的可能性。

和许多移动互联网产品一样，唱吧以免费模式圈住大量用户，再以收费项目提供更多服务。在发布一年后，唱吧才开通付费功能。和 QQ 会员类似，唱吧也向付费会员提供增值服务，如提升每日送花数量、礼物打折、顶置歌曲、导出歌曲等功能。此外,非会员也可以付费购买虚拟物品。虽然付费用户占比不会太大,但对于陈华来说,只要有1%的人愿意为增值服务买单就已经足够。此外,游戏发行也为唱吧导入一定的收入(图12-1)。

现在,唱吧已稳坐手机K歌第一的位置,在商业模式探索上陈华的态度更为开放。"没有太强的竞争对手时,我们的工作是改善产品,但如果继续固守在这上面,其实就把自己锁住了。"他说,"围绕唱吧,我们应该把第二层、第三层的需求也解决掉。"陈华所指的需求,就是线下K歌。"比如有些人觉得手机上唱歌不爽,一定要到KTV里面去,因为手机的体验再好也不会和KTV一样,这是硬件的限制,唱吧要将线下和线上打通。"

为此,陈华组织一个20人左右的团队,专门研发一套系统,能够将KTV的屏幕、设备、服务员、库房资源和用户的手机连接起来,以此带动线下KTV的新玩法,如线上组局、预订房间、设定歌单、现场手机点歌、使用弹幕和特效,用户还可远程观摩,参与互动,甚至赠送啤酒、爆米花等礼物。唱吧的线下布局在2014年年底已经初见端倪:通过与旗下控股公司麦颂合作,首家店已于12月19日正式营业,到2015年3~4月,北京市的唱吧连锁KTV数量预计将超过10家。

在陈华看来,唱吧的品牌知名度已经打响,此时,将互联

12 唱吧：以变制变

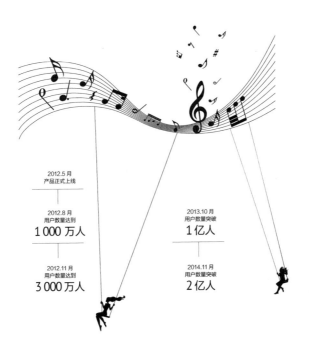

唱吧商业模式

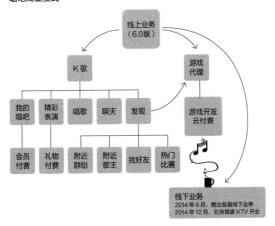

图 12-1

网的经营理念的创新做法带到线下会是一个巨大的商机。他还坦言，除了线下KTV，只要与唱歌有关的业务，包括硬件、音乐经纪人、演唱会，甚至电影领域，唱吧未来都有可能"插上一脚"。

13 "我们15个":一场直播真人秀实验*

腾讯视频定位生活实验的真人秀直播综艺节目"我们15个",以区别于传统综艺产品运营以及制播流程的差异化特色,在一片红海的视频自制综艺大战中脱颖而出。

一个谷仓、一笔5 000元的基建费、一部非智能手机、2头牛、几只鸡……15个身份、职业、地域、年龄皆迥然不同的素人,在与世隔绝的平顶之上生活一年,同时完成建设"理想家园"的目标。没有明星大咖,没有表演剧本,在接下来的365天会发生什么?没人知道。而这恰恰就是"我们15个"节目的最大看点:"素人"+"7天×24小时"的全年直播。

---

* 本文作者姚音,《中欧商业评论》副主编;龚焱,中欧国际工商学院创业管理实践教授。原载于《中欧商业评论》2016年第2期。

趣商业　趣玩耍：
大文娱时代的商业机会

自2015年6月开播，截至2015年10月底，"我们15个"获得10亿人次的播放量。作为腾讯综艺2015年度投资超亿元的综艺自制实验项目，"我们15个"月均收视数据达到5 000万人次；而在收视人群中，59%拥有本科以上学历，45%是新生代用户；此外，由该节目引发的收视弹幕，累计总量已达到1 000万条；百度贴吧留言达到113万条，在网络自制综艺节目中综合排名位列第一；更让同行刮目的是，单日直播人均观看时长达129分钟，重度收视用户黏性自生成体系让"我们15个"被成功地贴上"陪伴类"IP的标签（图13-1）。

"我们15个"阶段回顾

这些数字并没有停止，还在持续上涨……

图13-1

这一看似情理之中却又意料之外的结果，一方面固然有网络人群对于综艺新业态的好奇，另一方面或许也体现出移动互联时代无处不在的收视环境，赋予了每一位追求"生活在别处"的观众实现内心需求的可能性。

13 "我们15个"：一场直播真人秀实验

作为一档定位生活实验的真人秀直播综艺节目，"我们15个"因其区别于传统综艺产品而面临产品运营和制播流程方面的差异化挑战。譬如，如何形成"可持续"的直播节目管理体系？当成功引导网友们化身为节目场外的"第16人"后，如何通过社群方式管理他们的收视体验？如何将素人直播这种新业态与可能的商业机会巧妙结合？作为横跨几大事业部的实验项目，腾讯视频又如何借这一实验项目快速打造团队的未来竞争力？

直播尚未结束，讨论仍在继续……

"我们15个"的正确打开方式

"'以更快的速度变成对方，比对方变成自己更快。'观众要的是一个强内容驱动的服务，最终决定战局的还是内容。"

在"我们15个"开播之前，中国的视频综艺竞争格局正在进入新一轮的平台割据争霸赛。跑马圈地的资本较量之后，追求做大做强的发展思路让各大平台不可避免地进入"Me Too"模式的厮杀：拼明星、抢头条几乎成为各大视频综艺平台的PK常态。各种以中外IP合作、主打明星"艺能"的真人秀节目你方唱罢我登场。

趣商业　趣玩耍：
大文娱时代的商业机会

"'以更快的速度变成对方，比对方变成自己更快。'观众要的是一个强内容驱动的服务，最终决定战局的还是内容。"腾讯公司副总裁、"我们15个"出品人孙忠怀道出了"Me Too"战略的核心。"如何从'Me Too'这个困局中跳出来？就是通过一系列有特点的原创内容——包括自制剧和综艺节目建立口碑，通过口碑的原创内容形成内容差异化，使用户对内容的忠诚度快速进化为对平台的忠诚度。"

与此同时，节目制播模式和流程的固化也是制约视频平台突围的又一瓶颈。一般来说，明星真人秀的制播模式带有电视时代"制播分离"的典型烙印。以某档热播的亲子节目为例，导演组事先找到一个封闭地点进行集中拍摄，用几十台机位将明星们按剧本演绎过的"真人秀"镜头全部录制下来，然后找来后期团队对每一段素材精挑细选进行剪辑，再请第三方运营公司做后期包装、话题预热，最后在平台和电视台同步播出。整个制播周期大约在3～6个月，通过每周更新一集的频率让观众产生一种所谓直播的"错觉"。

"我们15个"诞生之前，人们对直播的印象一直停留在体育赛事与春节联欢晚会等大型演出的认知上。而当看到由荷兰Talpa公司（《中国好声音》原版出品方）推出的Upopia栏目时，"素人＋直播"这两个看似不相干的元素不经意地混搭，一下子

13 "我们15个"：一场直播真人秀实验

击中了腾讯视频综艺部几位管理者的敏感神经。

"回到最初的原点。我们觉得这种大体量的直播内容是互联网可以尝试的一个重要方向。毕竟，电视媒体无法去做——它们不可能花一年时间去直播一档节目。"腾讯视频综艺部副总经理兼腾讯视频总制片人、"我们15个"总制片人马延琨回忆说，平台属性的差异化给了腾讯视频尝试直播的天然优势。"离开了互联网，这个节目实际上是不存在的。它应该就是一个网生节目，一个生活的实验场，一定是大体量的直播，每一分钟，每一秒都在被大家观看。"如此，节目在内容创新与直播技术的流程端建立了真正的壁垒。

在马延琨看来，15个人构成一个社会的最少人数。把15个人聚在一个封闭的环境里，让他们"做自己"，因为每个人的性格和社会角色不同，就会自然生发出种种真实的关系和互动，远比编剧虚构的剧本精彩得多。随着节目中平顶居民互搏激烈，剧情也渐入佳境。目前，节目方总结出"我们15个"最为吸引人的三大看点：

看点一：陪伴。"7 天 × 24 小时"的直播、没有剧本，一年的时间究竟要聊点啥？自宣布节目的那一天起，这便成为大多数人最为关心的问题。然而在制片方看来，这种焦虑并不存在，"重要的是给出场景"。让马延琨印象颇为深刻的一个画面是，去年五六月的初夏时节，节目还在试播期，摄像头一直开着，镜头前只能听到蛙鸣与雨声交织在一起的环境音，镜头对着一片叶子，后面是一片池塘，没有任何故事展开，却已让人感到一种陪伴的安全感。"之前很多网友反馈，这是一个看生存、看理想生活方式、看家园建设的节目，其归根到底，更多人是在看陪伴，试想这个世界上有什么内容能够陪伴你24小时？这对于整天晒单身的人群和从小被孤独感包围的独生子女人群来讲，本身就是一件很有意思的事情。"

看点二：素人。"明星是没有陪伴感的。"素人与观众的心理距离很近，看着他们在另外一个状态里生活一年，就像看自己一样。为此，很多网友给节目的官方社群"饭团"留言说，"我们15个"所反映出来的状态很多时候也是他们内心的写照。"我相信有一天关机的时候，一定会有非常多的网民很失落。就好像做了一场梦醒来时那样怅然若失。"

看点三：人性。在第一个月末的淘汰环节，话题女王刘洛汐意外出局，以至于节目运营组没有准备任何物料，差点引起直播事故；此后不久，又有网友因为胖虎多吃了一碗饭引发社群口水大战；"90后"的肖凡凡为了洗澡不愿让出有限的山泉水给中暑的怀孕奶牛降温，为此与居民们发生激烈的争吵……众多看似"无厘头"的话题却成为网络讨论的引爆点。节目组同事事后总

13 "我们15个":一场直播真人秀实验

结,原因在于"人性"二字:过于出风头的团队领导必定会被反权威的年轻人拿来吐槽;多吃一碗饭看起来是小事,但在生活资料极度匮乏的平顶之上,任何的分配不公都会触及人们敏感的神经;个人利益与集体利益孰轻孰重,在临时搭建的团队里直接挑战大家的信任底线……在直播的环境下,每个人的一言一行都得到充分甚至过度的放大,细节所催化的情绪也带有极强的个人烙印,并可能演变为网络上的"槽点"。

负责"我们15个"对外宣传推广的洪成曾感叹道,很多成熟的观众都曾提到"其实他们就是我们"的观点,但依然有键盘侠们发表各种情绪化的宣泄与不满,这就是人性。节目的有趣之处正在于屏幕内外的各种冲突,这是依赖剧本的传统综艺类节目所无法预设和演绎的。

当没有剧本并不代表事先没有准备,情况恰恰相反。导演组历时半年时间,从11万名网络报名者中海选出15个素人的时候,就曾根据动机、技能和性格三个维度,对他们可能产生的角色冲突、所代表的职业身份、地域文化进行充分的讨论。当多种人性要素充分聚合在一起时,引爆只是时间问题,这也是导演组精心预埋的所谓"代入感"——让屏幕前的观众成为场外的"第16人"。

趣商业　趣玩耍：
大文娱时代的商业机会

一场工业化的流程改造

"我们率先在国内做成了一套节目制作工业标准化的流程，用机器和流程去取代很多相对低效的人工劳动。就冲这一点，就与同行拉开了专业能力上的差距。"

从萌生直播综艺的念头，到"我们15个"节目正式开播，前后横跨了三年。制片人王云鹏自2014年7月生完孩子回归工作之后，就一直在为这个项目而筹备，至今仍保持每月起码两周"在山上"的工作状态。作为前湖南卫视负责节目制作的专业编导，她从专业节目制作人的视角解读了"我们15个"于节目之外的意义。

"我们率先在国内做成了一套节目制作工业标准化的流程，在流程中把人力解放出来，用机器和流程去取代很多相对低效的人工劳动。国内综艺界还没有这么玩的，就冲这一点，'我们15个'就与同行拉开了专业能力上的差距。"

在去荷兰学习之前，整个节目筹备组的专业编导们几乎一致认为按当时的模式绝对玩不下去。一年的直播，涉及的人力配备和工作量到底有多大？没人可以准确计算。但到了荷兰，看到Talpa节目方的中控室里，所有工作人员有条不紊的状态，看了他们的排班表，王云鹏坦言十分震撼。"人家的电视工业能甩我们十年。"

王云鹏眼中这一特别超前的模式，就是编导们基于中控机房对现场几十个摄像机位进行数字化切换，同时根据不同的时间线和故事线随取随用镜头素材的工作方法。

开展新工作方法的最大难点在于，要对传统电视编导各自为战的岗位编制进行重新调整，特别是要增加一个关键岗位 RCO (Remote Camera Operator)，也叫远程摄像操控员，以取代过去的摄像师——通过在中控机房面板前操纵摄像机的上下左右、推进拉出进行镜头切换。RCO 必须熟记现场的所有 120 个机位以及各自的拍摄范围与呈现效果。王云鹏称，为了适应新的岗位，开播前所有的前方人员进行了将近两个月的培训演练。

"我们15个"的作战指挥部，就是一间约20平方米的中控机房，前后共分三排。第一排是两个 RCO 和两个分镜导演，每个 RCO 跟一个分镜导演配合；第二排中间是故事线导演，也可以说是中控室的船长，在他的两边分别是两个场记，另外还有一名内容审核员，负责过滤敏感内容。第三排是音频人员。中控机房的所有人负责直播环节的声音与画面，每日精华版以及周播版的所有剪辑则由节目制作人员在后面的机房完成。

基于工作流程的转变，前方演播室每三天就会更新一个工作流程表，以每两个小时为一个单位对当班节目制作人员进行排班编组。这样基本保证了 8 小时工作制时间，甚至让多数人可以在晚上正常休息，这种状态对于传统的电视台以及节目制作公司是难以想象的。

王云鹏表示，对于固定摄像机的真人秀，摄像机就是Flies on the wall（墙上的苍蝇），生活在其中的人们在一段时间之后，就会逐渐忘记这个"苍蝇"的存在。现场没有导演，没有摄像，此时，他们就会做自己，这正是此类节目的特点和卖点。今后，随着观察类真人秀在国内越来越普及，"我们15个"的工业化流程经验将成为通用模版，其岗位、流程、分工的标准化模式也有着充分的被复制价值。

团队锻造术

"做这个节目，最大的资源还是腾讯内部的团队，并不是钱。"

很多网友十分好奇，"我们15个"的镜头里看不见一个工作人员，腾讯到底是如何进行直播的？事实上，在位于浙江桐庐富春江边的山坳里，驻扎着一支不亚于野战部队的百人工作组。整个平顶分成直播区域和外围团队的工作圈，两个区域之间隔着三道绿色大门。100多个工作人员忙碌的身影一进入演播大机房，就全部消失于庞大的军用迷彩布之下。山上到山下没有公路，所有的出行都得借助几辆破旧的吉普车。

"坦白讲,每一天的成本都非常高。除了节目制作是一条主线,其他还有很多条支撑节目主线的工作团队,比如说腾讯内部负责运营、市场推广和招商的人员,第三方的制作和后期团队……这些都是制片人要去把握的维度。"王云鹏表示。

和王云鹏轮值的另一位制片人张磊对此更是感同身受。这位从视觉总监做到"包工头"的制片人,堪称团队中的"鸡血哥"。从荒山选址开始,张磊以"制景"需要进驻现场,却慢慢变成工程筹建组的负责人:不仅要负责与当地政府的公关,还要协调各类基建的工程队。2015年春天,很多团队为了赶进度开始着急进场,交叉作业,技术团队又要进行技术集成,现场简直乱成一锅粥。

"项目在筹建过程中的难度超出我们的想象。"张磊坦言。比如基建前,技术组已进行挖土埋线,地面再种上野草,仿佛原生态,但由于当地土层特别浅,往下挖15厘米就会挖到线缆,节目组就需要去框定15个人的种地范围,确保既能保证拍摄效果,又不会影响到地下的管线。甚至包括水电的位置、仓库里面应该掏几个窗户、需不需要留出空间来给居民发挥等问题,都需要提前想清楚。如此一来,基建项目化成无数的计算题,是一个必须经由充分论证才能实施的复杂工程,着实给电视编导出身的制片人们出了难题。

"我常常面临的情况是,时间的压力逼着你要去权衡各种问题,最终作出一个决策。"火线上岗的张磊几度崩溃。"大家在节目里看到 15 个居民好像没有约束,想干什么干什么,但是我们外面的人,必须保证这件事情的合理合法性,至少在法律框架之内要确保他们的安全。"有一次,节目中大家在空地上生起火堆,节目组立刻就接到周边村民和观众报警的电话和留言截图。在这种情境下,制片人需要对所有突发事件快速回应。

事实上,腾讯内部参与这个项目的员工达到 150~200 人,除产品、技术、运营、推广、招商投入非常多的人力外,还开发了独立的 App,形成庞大的产品体系。对于一家互联网公司来说,用项目来带团队,快速培养一批有战斗能力的新人,是"我们 15 个"实验的另一层意义所在。

在腾讯网络媒体事业群(OMG),除了正常轮岗以外,每年都会推出内部的虚拟项目组,针对一些大型项目进行跨部门合作,在提高项目运作效率的同时,锻炼团队的快速执行力。一个虚拟项目组相当于一个虚拟的事业部,独立核算,配有专门的财务和法务人员。据悉,2015 年,腾讯 OMG 只成立两个虚拟项目组,一个是 NBA 的项目组,另一个就是"我们 15 个"。虚拟项目组成立以后,所涉及的跨部门合作直接对接各部门总监或副总,由部门主管直接负责推进。"每周都有例会,开播之后,直播团队在前方,但每周都要不定期听取后方工作的总结和进展。此外,各部门所有的周报、月报也会同步更新到其他各个团队……"王云鹏说,"这个项目在公司内部甚至有一个专门的组织架构图"。

在两位制片人看来,腾讯是一家互联网公司,没有把制作团队养起来的传统,因此,公司内部对制片人的考核细化到流量、商业化、曝光量、业界评价等指标。制片人也需要学会把项目的整体业绩指标层层分解到各工作部门的 KPI 考核体系里,通过将 KPI 对接到具体执行的部门和人,从制度层面保证跨部门资源调用与沟通合作的有效性,避免扯皮和推诿。

此外,围绕"我们15个"这个复杂项目,腾讯视频专门成立一个管理沟通小组和项目决策小组,决策小组成员是六七个部门的总经理。马延琨是项目决策小组的第一负责人,专门负责协调复杂的管理问题。

"做这个节目,最大的资源还是腾讯内部的团队,并不是钱。"王云鹏笑着说。有非常多的同事都是因为这个项目才入职的,而骨干已经往"85后"、"90前"倾斜了。"我们15个"的内部沟通效率、任务执行做得比较好的另一个原因,在于该节目模式的创新性和实验性。"市场上出得起钱的互联网公司太多了。花钱能买到优秀的制作团队,也可以买到国际流行的模式,我们的团队却是独一无二的。大家都有一些追求,愿意去投入,去尝试,所以,尽可能地获取腾讯内部的支持和配合,也是我们非常重要的一部分工作。"张磊如此表示。

技术牛人的焦虑

"在山上,一个螺丝钉出问题都是我的问题。"

"我们15个"得以顺利地实现直播,技术团队功不可没。如何用120个摄像头,实时地,尽可能全方位、无死角地呈现?早在2014年夏天,摆在技术负责人树磊面前的首要挑战,就是搭建一个具有极强稳定性的系统。由于与荷兰版权方只有节目模式合作,并不包括技术实现,向第三方技术公司单买全套技术设计图又十分昂贵,节目组决定技术系统全部自建。

回想起最初技术实施的困难,从来都自信满满的理工男却备感"焦虑"。"最大的工作挑战是思维上的。要打破传统真人秀的模式,不能再用'录播'的思维模式去制作。"树磊说,"要把自己放在一个导演(而不是工程师)的位置上去架构系统"。2014年10月,树磊先于导演组来到荷兰学习制作经验,反复对节目进行剖析和重构。两周后,他带着自己的理解再与导演组一起磨合碰撞,仔细揣摩节目内容的展现方式以及直播可能会出现的问

13 "我们15个"：一场直播真人秀实验

题，通过问题去反推技术的架构模式。

技术推演一旦确定，接下来就是现场实施。平顶一年有100多个雷雨天，八九月份是雷暴频发期；加上南方夏天供电不稳定，停电现象时有发生。为了保证直播不停，技术组特别准备了两台发电机以备不时之需。"我为中央台做过很多的服务，那个发电机基本上没用过。但在平顶，发电机基本上每周要用一回。"恶劣的天气条件也逼着技术小组不得不拿出极端的解决措施。为了保障麦克风的防潮功能，技术人员先后试用了海绵套、防风罩，甚至用了200多个超大号的安全套罩在麦克风上……

为了把对直播的影响降到最小，技术人员的设备维护时间一般都放在凌晨三四点钟。"120个机位，全部走一圈大概要走1万步。我只要看看微信的运动记录，就知道他们今天有没有'巡山'。"树磊开玩笑地说，在山上，技术人员例行的工作还包括每隔十天兼任空调房捕虫、防鼠的杂役。"过去，技术人员只需要对设备负责任就可以了，但在这个项目里，制作人员在高强度、高压力下工作，我们对人也要负责。"将技术问题人性化处理，是树磊对"转换思维"的第二重思考。

同时，技术部也时刻与运营、后台的产品开发部门保持着密切关系。有时，运营的同事为了更好地招商，会对直播中品牌露出机会的技术实现提出要求。经过努力，目前技术团队已实现了字幕或提示类链接的无缝直播导入。"技术实现的可能性,给内容提供了更多的招商方式,也给合作伙伴提供了更多的想象空间。"更关键的是,技术具有可复制性,既可以放在"我们15个"里做,也可以延伸到腾讯其他的直播节目中。更让树磊骄傲的是,这些技术商用工具在荷兰原版里是没有的。

至于上千万元的设备采购费,树磊特别不赞同外界对于腾讯视频"财大气粗"的评论。当时,为了算出设备准确的采购数量,树磊将平顶上下走了一千多遍,以15米为单位距离,根据摄像机变焦的倍数计算远近景,再按照导演提出的最美画面、拍摄无死角的需要,经多方论证,最终才得出120个摄像机、80个麦克风的设备采购清单。

"如今,在中国从头到尾完完整整做过这个事的,只有我一个人。你可以把这种感受称作情怀,也可以说是激情,但我更愿意把它当作一个宝贵的成长机会。不只是我个人,对于整个技术团队以及腾讯视频来说都是如此。"

但焦虑难免会成为常态。"在山上,一个螺丝钉出问题都是我的问题,7×24小时停不了。一旦停了,我就要负责任。干这个活,要么项目成了,要么我离职了。"树磊说。

开播前一个月,当发现山上100人只等技术人员解决问题的时候,树磊的压力会莫名地大。"一开始,我习惯不给任何反馈,你给我时间，我来解决，这是我一贯的思维。后来发现真的不行，老大们也绷不住了。于是，我每一天的进度都要告诉他们，即使他们对技术一点不懂，但拿到这些信息，他们会很有信心，知道这个项目能够执行下去。这也让我感知到换位思考的重要性。"

价值运营的 N 个维度

腾讯对"我们 15 个"所进行的各种商业化尝试，体现了一个长期 IP 的运营设想。

从行业角度看，近两年综艺行业快速发展，体现为制播分离的趋势和各大平台对真人秀的巨大投入。"我们 15 个"虽然是一个了不起的实验，但腾讯视频从来没有"养"一个节目团队的传统，节目要活下去，赚钱是绕不过去的坎儿。目前所谓的 BAT 三巨头里，腾讯的社交基因被公认是最强的，因此，如何将用户的调性、黏稠度、社区性建设好，也被纳入节目组商业化测试的范畴。

为此，腾讯视频不仅找到 Talpa 作为 IP 合作的模式方，还找了前湖南卫视为班底的制作团队，以及负责后期制作的上海幻维，整个网络技术搭建和运营则全由腾讯自己完成。另一方面，围绕"我们 15 个"可能产生的商业话题性，腾讯视频的后方团队也在互联网产品小组的架构下,形成运营、推广和商业化三个具体执行的团队。

产品小组的用户"定调"。一开始,为了强调用户参与感,参与互联网产品架构的同事希望节目能体现出各种游戏化特色,鼓励观众随时参与到与"居民"互动的环节中,譬如观众可以参与解锁、投票、众筹……但随着节目开播后定调"社会实验类",节目方对"第16人"的定位也逐渐从"互动者"转变为"观察者",整个产品设计体系转为突出粉丝养成和粉丝间互动。

"互联网上的用户,可以分为三类。第一类是纯粹看热闹的,对于这部分用户,我们提供24小时不间断的直播,通过摄像头让人产生一种仿佛上帝视角的观察;第二类用户想要体验氛围感,参与剧情讨论,如为'居民们'出谋划策,针对他们,我们推出了粉丝养成系列,通过'饭团'、弹幕把他们从观察者转化成粉丝,让他们相互间聊起来,再衍生出其他话题和故事;第三类是想融入剧情的人群,我们做了各种'解锁'活动,如解锁医药包、把圣诞老人解锁送进去,还有外围的'人气加油站'……"负责互联网产品设计的Sophia雷表示。

经过前期长达一年的摸索、规划和设计,互联网产品小组终于确定了"15个"接下来的内容执行方向。随着居民建设项目的商业化和电商化,大家对接下来的话题挖掘、互联网包装和商

13 "我们15个"：一场直播真人秀实验

业化空间也抱有强烈的期待。

市场部推广的三个层面。相比直播空间内15个居民生活的慢节奏，后方市场推广团队的日常几乎统统围绕着大数据展开。通过从百度、微博、微信、论坛、天涯、豆瓣和知乎等社交平台上抓取关键词，从广度上计算用户参与讨论节目的情况，并与同一时段的几档热门节目放在一个时间轴里去判断节目的升量，已经成为他们的每日工作常态。推广的策略也紧紧围绕"核心粉丝"展开。一方面，建立"饭团"和百度贴吧小组，引导网友就节目衍生出来所谓的职场、人性、协作、社会化分工的话题进行深度探讨。另一方面，为了增加用户黏性，推广部门还鼓励用户在观看过程中搜集"能量瓶"，投给各自喜欢的居民。

许多观众由于与节目做伴很久，与山上的"居民们"产生了很强的情感纽带，不自觉地变成"第16个居民"。他们会下意识地参与到"淘汰谁"的讨论中，于是，看直播、发弹幕变成收视常态。"弹幕更像是我看节目时跟你闲聊，但是当用户有很多很深的思考时，他会去'饭团'、贴吧发非常长的分析。"负责推广的洪成回忆说，8月初的时候，因为打雷，山上停电后屏幕全黑了，用户们特别着急，突然间不知道该干嘛。结果那天就出现一道奇特的风景——在一个黑色的屏幕前，大量用户在发弹幕。

在洪成看来，推广分成三个维度："行业是不是认可这个节目、商业化的客户是不是了解这个节目、粉丝对于同行业2B、2C端的价值有多大。"在岁末推广中，洪成希望放大更多社会性话题，以广度去吸引更多新用户。譬如，如何看待老人与社会的关系、如何处理职场关系等；同时，通过下沉式的媒体覆盖二三线城市的微信公共账号、请各个行业顶尖的专家和学者对节目进行探讨和发声，将可能的社会化话题元素做足做深。

运营部：看我72变。如果说市场部旨在建立节目对外部的广泛影响力，陈柱所负责的运营部可以视作有力的"主攻手"。除了对接日播版和直播版的话题，还需要阶段性地给网友、剧情、客户、观众设计不同的高峰体验。

截至目前，运营团队就如何将剧情发展与外界互动作为主打方向，先后推出武林风、生存体验、情歌MV等各种画风的创新剪辑思路，取得不俗的传播效果。"这种东西能打动观众内心深处柔软的部分，他们会真的觉得节目如我所意。"陈柱说。

作为整个节目最有激情的"正能量哥"，陈柱还提议引进小耳朵主持人大木每天陪着网友们聊天，鼓励网友参加互动环节，给居民留言、送花、送道具、送各种温暖。举例来说，当没有新的剧情出现时，运营部就把小耳朵的主持人推出来，给群员们录歌，让他们觉得脱离节目自己也能自high，进而形成网友、直播和运营三个相对独立的内容阵地。此外，运营部又衍生出一个平行节目"平顶之外",关注那些被淘汰居民的后续故事。直播的同时加入"画中画",借此让网友们跟主持人聊天……

"一档节目做不到让五六亿用户全部喜欢,满足核心观众的需求是运营的目标。"谈及运营的有所为和有所不为,陈柱认为,针对不同的终端运营需要有更为灵活的打法。例如,针对新闻客户端,如何形成社会性的话题?针对视频 App,如何体现节目的娱乐消费性?QQ 弹窗页面、"饭团"、贴吧、楼宇广告、地铁……针对不同终端的用户,运营部门给出的文案风格都不一样,如何把节目变化成各种角度去展现,打到用户的内心里,最终让他们知道并且喜欢"我们 15 个",仍是陈柱每天都在思考的问题。

一个 IP 的长期价值

"我们 15 个"的直播实验是一场有"风险"却并不"冒险"的尝试。

分析可能的商业化元素,形成资源和售卖方式,通过内部销售推荐售卖,最后对接售后执行,是臧玉洁所在的商业化团队的大体工作思路。"不同于常见视频平台上面的一些广告资源位,'我们 15 个'需要对商业化元素植入的可执行性形成案例,供客户参考。"

譬如，通过广告组的努力，商业化团队已成功地将上海家化作为工作机会提供方导入节目，通过让居民们设计促销礼包中的卡片，在提供工作机会的剧情中融入品牌理念。再如，节目与伊利品牌进行深度整合，商业化团队请来奶牛小哥教居民正确饲养两头奶牛的方式，既体现了伊利的专业度，又传播了品牌概念。

臧玉洁说，腾讯对于商业化分工是很明细的，商业化团队一共只有五个人。有时候，为了把客户的元素融入直播场景里，连用什么分镜头都需要给出一整套实现方案。在大家的努力下，除了伊利、雷克萨斯、金施尔康、百服宁、温碧泉、上海家化等大品牌都接受了这种新式的商业化合作实验模式。

"'我们15个'不像一般的综艺节目，只需要三个大赞助商冠名就OK，传统的商业化玩法很可能会阻碍它的一些潜力。"臧玉洁解释说。传统的综艺节目是根据均价来预估收益。"我们15个"目前却是以资源包的方式去构建多种可能性。"40%～50%偏硬广，30%偏向于内容深度结合的植入方面，剩下10%～20%会包含一些权益。"在臧玉洁看来，他们对节目进行的各种商业化尝试，已是把"我们15个"当作一个长期IP来运营，需要考虑客户的更多场景植入的可能性，与这个IP的长期商业价值相结合。

相比理想的丰满，现实却骨感许多。"这个节目达到了视频

13 "我们15个": 一场直播真人秀实验

综艺的平均水平,但没有达到我们原来希望它达到的状态。"总制片人马延琨严肃地抛出一个现实的问题:为什么在网络自制节目里面排名第一的"我们15个",目前的商业回报却低于它的流量回报?从商业逻辑上分析,这究竟是短期现象还是素人类节目的长期痛点所在?广告客户对于新的节目形态相对谨慎,如何摆脱综艺明星化的路径依赖,成为摆在推主、运营、商业化团队面前最大的创新难题。

即便如此,腾讯视频的团队非常清楚:你可以按照综艺节目商业化最直接的模式售卖冠名、卖前贴片、卖内容植入、品牌大使或者定制剧情;也可以按照已有的几类现象级节目,再炮制类似的综艺案例,但这些"成功"的案例无助于腾讯视频建立真正的平台差异化优势。

"'我们15个'开播即已是奇迹。"陈柱说,"首先,它代表着中国素人真人秀里不能忽视的地位。第二,它锻炼了整个综艺团队的水平。第三,让我们学会了怎么去面对这类节目,在各个团队之间去协作互助。第四,对于腾讯马上将要启动的直播形态,进行了预热、铺垫、牺牲、试探……"

2015年12月4日,在第三届中国网络视听大会上,"我们15个"获得该届大会颁发的2015年"年度台网融合创新团队"大奖。作为中国网络音视频领域内规格最高、规模最大的国家级年度行业盛会，此次获奖无疑对整个行业的发展都具有风向标的意义。

按照总制片人马延琨的观点，有关"我们15个"的直播实验是一场有"风险"却并不"冒险"的尝试。尽管每天都在发生着许许多多不确定的意外情况，但凭借着整个腾讯视频团队乃至整个腾讯大平台在产品开发、综合运营、内部外团队伙伴的相互倚重和有效沟通，以及幕后广大的（包括粉丝团体在内）各种智囊团的共同支持，"我们15个"开播接近半年，所获得的关注和赞赏足已证明其在中国视频直播领域的标杆意义。借用几乎每一位参与的节目团队成员都不约而同提及的那句话说："我们这一年过得不空虚。"守住底线，"这事就成了"。

附文

"我们15个"的人群画像

物以类聚，人以群分，目前的15个人已自然形成了三个阶层，按15个"居民"之一的韦泽华的话说，就是"老中少"。

"老"的代表是57岁的明叔、51岁的"花姨"魏敏以及因故退出的43岁的吴大哥和新补进的47岁的崔叔，他们主要从事农耕和基建工作。

"中"指的并非年龄已到中年,有些人年龄并不大,而是"中间、中坚"的意思,主要包括 36 岁的峰姐、32 岁的訾鹏、26 岁的韦泽华、27 岁的宋鸽、26 岁的胖虎、27 岁的范梭,他们主要从事商业项目和管理工作。

"少"也并非少年,而是指"少壮派",主要包括 29 岁的彬子、25 岁的吕日阳、22 岁的任新宇、21 岁的张立维、24 岁的邱子健和 22 岁的丁囡,他们主要从事手工或艺术工作。

从目前三个自然分化的阶层看,岁数大的人有农耕和基建经验,又能起早贪黑,反而是平顶之上耕地劳作的主要劳力。虽然辛苦,但农业和基建却赚不来太多的钱,所以,他们并没有太多话语权。他们在耕作时经常会发发牢骚,吐槽年轻人太懒、没有集体意识,但在会上反而并不多言,即便发言,也经常被"中""少"两组反驳。在平顶,他们是很无奈的一个群体。

在"我们 15 个"节目中,掌握管理权的是"中"层。有趣的是,这跟节目首发时的结构已经大为不同。最早一批居民进入平顶后,曾经选举岁数最大的老鬼担任队长,不久,老鬼就遭到年轻人的挑战,最终因与韦泽华差一点发生肢体冲突而违规出局。这似乎说明,权力如果由"老年组"掌控,矛盾就会走向不可调和。在平顶掌权的"女强人"高峰,也被网友们吐槽颇多。从中可见年轻网民的心态:反权威、爱真实、爱自由。

再来看"少"。他们以前多是自由职业者、艺术工作者,来到平顶的目的很简单,用彬子的话说就是"为了出去之后能生活得更好"。所以,他们要抓住机会展示自己,获得镜头外观众的认可。比如拳手邱子健执意要办平顶拳赛,至于花多少钱、能否为集体赚到钱,并非考虑的主要因素。流浪手工艺人彬子更是喊出:"我不会为集体出力,我只为我自己"。

每到当月的淘汰日,居民互相实名投票,得票数最高的三个人将分别进入危险区,投票人还得当着所有人的面说出自己投了谁以及投票的理由,这也让在日常生活中难得一见的真实人际关系暴露在镜头之下。(表1)

时间	危险区	被淘汰	因故退	出补入
7月	刘洛汐、刘富华、谭利敏	刘洛汐	郭道辉、孙铭、刘富华、聂江伟、刘希	韦泽华、张杰、陈宪一
8月	谭利敏、肖凡凡、邓碧莹	谭利敏	肖凡凡、刘志轩、春人	魏敏、高峰、春人
9月	邓碧莹、陈宪一、邱子健	邓碧莹	易秋、张婷嬉、张杰	吴春飞、吕日阳、丁囡、訾鹏、田彬子、张丽维
10月	田彬子、陈宪一、韦泽华	陈宪一		任新宇、李晓明、范梭
11月	任新宇、高峰、吕日阳、田彬子	任新宇	吴春飞、李晓明	崔益祥、程炎恩
12月	崔益祥、程炎恩、张丽维		宋鸽、高峰、邱子健、丁囡	董德升

表1 "我们15个"从开播至今,淘汰、退出和补入一览表(2015年)

14　一场"史上最无聊的直播"*

这是一个角色难以区分的集体狂欢的结果：参与者即生产者，生产者是消费者。

很难有什么营销事件会比小米 Max 超长待机直播更让人不明就里：你不知道它什么时候结束，随时都有可能突然中止；活动没有特别鲜明的主题或目的，换句话说，就是刻意放弃了所有的意义和价值表达；营销的"主角"——一台小米 Max 手机，在插入 SIM 卡、连接 4G 数据网络的情况下，只是静置于画面背景中，除了每小时被点亮一次以示有电，便再无其他的功能展示，以至观众会偶尔忘记它的存在；镜头前，偶有低头发呆的群众，也有

---

* 本文作者刘婕。原载于《中欧商业评论》2016 年第 10 期。

金鱼在迷你鱼缸里游来游去。有不明真相的看客困惑了："这是在做什么？"也有人说："虽然没什么意思，但我每天都在看。"

一场看似无聊至极的营销，创造了国内网络直播的一次数据奇迹：在长达 19 天的不间断直播里，观看累计人数（UV 数，即观看过这场直播的独立访客数量）达到 3 950 万，弹幕数量超过 3 亿条。

而为了策划和准备此次活动，小米的营销团队只用了 7 天时间。

反设计，反策划

超长待机成为整个活动存续的唯一理由和条件——这是策划中最精巧的一个设置。

离 5 月 10 日小米 Max 新品发布会还有不到一个月时，小米联合创始人黎万强麾下的几支营销策划团队还在苦思冥想，什么样的活动策划形式能够展现新产品"屏幕大，续航持久"的特点。团队的原始构想是一场真人秀节目：露天玻璃房子里的两个人和两台手机，前者的生存和娱乐全部需要倚靠后者完成，全程通过网络直播，线上线下都可以 24 小时围观。然而，这类节目要做得出彩非常之难，在有限时间里找到国内顶尖综艺节目制作

14 一场"史上最无聊的直播"

方并完成所有前期筹备,是个不可能完成的任务。

"如果无聊本身就是看点呢?"Bilibili(以下简称 B 站)网络直播的想法便是这种进退两难下的偶得。从 4 月 30 日小米营销团队临时起意,当晚便与 B 站相关负责人电话沟通,到 5 月 3 日双方坐下来讨论流程、奖励规则和执行细节,5 月 7 日,两个团队就基本完成了所有"硬"准备工作。

雷军在 3 天后的发布会上透露了该活动的内容:小米和 B 站将马上启动一项名为"我们也不知道这场直播什么时候结束——小米 Max 超耐久体验"的无聊直播。

"不知道"下的不确定,和"无聊"背后的无意义成就了这次营销活动的最大看点,而对于具体策动、执行这场活动的小米品牌策略部高级总监徐洁云来说,这也意味着前期准备工作既简单,又不简单。

"我们真的不知道电池什么时候没电,也就是直播什么时候会突然结束。"他解释。一台电量满格、插着 SIM 卡并连接 4G 网络的手机,在不同的地方由于信号强度和波动的原因,电量消耗无法预测,有时甚至会有 7 天以上的差距。为此,小米和 B 站需要预排足够的活动和道具,直至那个未知的结束时刻。团队在直播间的橱柜里准备了两台同时开启耐久测试的备用手机,以应对过程中因不可抗力导致的"主角"手机受损而不正常中断的小概率事件。此外,还必须租用专业广播级的整套设备,来避免若干天不停机状态下的过热问题。

简单之处在于,只要游戏规则确定、硬件条件俱备,内容全部交给B站邀请的"UP主"(对ACGN网站视频上传者的一种俗称,这个称谓来自日本业界)便足够了。为了填补手机电量耗尽前的空白时间,这些B站红人在镜头前各显其能、无所不用其极地无聊着:吃饭、画画、打游戏、扎帐篷睡觉,甚至目光空洞地发呆,无一不引起观众的狂欢。B站副总裁陈翰泽介绍,就连在凌晨4点左右没有任何活动的空镜头下,活动全程的最低同时在线人数都有一两万人。

一系列二次元明星的出场推动着在线人数和弹幕量的不断攀升。除此之外,吸引他们的还有小米事先设置的奖励机制:第一天12:00~24:00每小时准点抽奖送出一台小米Max;第二天相同时段每小时送出两台,第三天每小时送出三台……依此类推,手机的续航天数越长,就意味着每小时送出的手机越多。

画面中作为主角的小米Max手机,除了在每小时被工作人员点亮屏幕、以示"活着",大部分时间都被忙着"无聊"的各路主播和镜头前走来走去的无关人士遮挡了——但为了证明透明度,始终有一个机位对准它,在直播画面中以画中画的形式保持特写。徐洁云表示:"小米Max的超长待机成为整个活动存续的

14 一场"史上最无聊的直播"

唯一理由和条件。有了这个设置,我们就无须让它占有很大的戏份,疯狂地强调卖点,那就太违和了。"

当这个世界充满套路的时候,少一些套路反而会让人感到有趣——徐洁云这样总结。他对观看直播的人数预估在 1 000 万人,相当于 5 月 10 日发布会在各平台直播的观众总和,最终 4 000 万的数据已经相当令人满意。"它的巧妙在于反设计、反策划。"他说,"我们乐于让它很随意、无台本、充满不确定。其不可复制性也在于此——这只不过是一群人消费着彼此的无聊,使之变得有趣起来。任何对它的复制和拷贝都已经经过了策划和设计,也就没有那么有趣了。"

在 19 天的直播里,同时在线人数平均维持在 10 万人,在 5 月 21 日当天,这个数字是 18 万。活动结束时,小米共送出 2 238 台小米 Max 手机和 8 台 70 寸的小米电视 3。

谁成就了"史上最无聊直播"

这是一个角色难以区分的集体狂欢的结果:参与者即生产者、生产者又是消费者。

随便选唱的歌曲、漫无目的的聊天、临时起意的掰手腕,甚

趣商业　趣玩耍：
大文娱时代的商业机会

至是空无一人的直播画面，似乎让任何"刻意为之"和目的性都丧失了意义。对于徐洁云而言，这次直播活动唯一的门槛，就是小米团队对于亚文化领域的理解，这也是他们选择与 B 站合作的主要原因——共同的话语体系。

2014 年，黎万强就曾表达过这样的观点：亚文化是产品经理的必修课。他指出，以弹幕视频网站为代表的产品平台发动、鼓励并且支撑了大量的亚文化族群参与者一起进行二次创作，而这也完美符合后现代文化的特征：大众创作并消费，以及对经典元素的解构。要走近年轻人，就必须抵达亚文化群体的第一现场，理解他们需要的参与式消费体验。一年之后，雷军在印度小米 4i 发布会的英文演讲，被网友剪辑成一首《Are you OK》的神曲，在网络上疯传着。无意间，雷军竟变成"B 站鬼畜全明星殿堂级偶像"。

显然，拒绝了任何主题意义的营销事件和网友充满创造力的二次创作一样，对观众而言有着一股难以言状的微妙乐趣，无须任何的深度咀嚼便可体会。"其实，每一代人都是很叛逆的，也会调侃很多事情。就像当年的年轻人观看《大话西游》一样，总有人无法理解。"徐洁云说，"其内核并没有太多变化，只不过有了更大的空间和更好的技术手段，使之变得显性了。"

种种压力也是人们在"无意义"中寻找舒适感的合理归因。

"在有些空间中我们做事太讲究、太在意理由和目的。直播是一个开放的公共空间,每个人来到这里,可以没有什么缘由,非常自由又能够各取所需。"弹幕这种形式就是一个不带来任何社交压力的交流工具,"甚至不需要点对点、人对人,因为很多时候你并不需要知道谁对你发表了意见。"

很难说,是小米和B站成就了这次"史上最长最无聊直播",还是4 000万观众成就了它。又或者,这是一个角色难以区分的集体狂欢的结果:参与者即生产者、生产者又是消费者。"有时候,人们就是享受那种无意义。不是每件事情、每个细节、每个瞬间都要预设一个目的。这场活动最有趣的地方在于,这是参与者集体创造来的,其中有UP主,更多的是屏幕前的观众。"徐洁云说,"这件事情本身没有什么意义,如果说有意义,那都是这些人创造出来的。"

即便如此,如果有更充足的准备时间,徐洁云认为许多环节还可以更加细化和完善——这并不意味着需要改变直播中的猝不及防的真实和颗粒度。"我在做策划的时候设计了三个阶段,第一个阶段是让B站用户都知道,第二个阶段是让二次元人群都知道,第三个阶段是冲破'次元壁'让三次元世界都知道。尽管这个策划的后半段在三次元世界引起了很多关注,但离我最理想的目标还有距离。"他曾想过做些更更疯狂的事,如把直播的黄金时段的使用权拿出来面向所有的广告主进行拍卖等。

"对任何一家品牌而言,年轻人的市场都是再怎么重视都不会过分的领域。"B站所代表的亚文化将在不久的未来从小众走向主流,小米团队对此深信不疑。

15 狼人杀：娱乐至死时代的小样本*

孤独堆出了一个王国，在这个世界中，每个人都是一个故事。

在商业世界中，没有什么是必然的，也没有什么是偶然的。

眼见他起高楼

创投圈的人们经常呈现出一种追求集体主义式的状态，这种状态表现为：当数家投资机构在某个领域率先完成一笔金额超过大众预期的融资之后，众多投资机构或者创业者纷纷开始将目光投向这个领域，开始调研，然后作出自己的判断，是否需要在这

---

* 本文作者陈燕，《中欧商业评论》原编辑。原载于《中欧商业评论》2017年第7期。

个领域用真金白银砸出一条血路。

似乎在一夜之间，资本集中关注"狼人杀"这个领域。

2017年3月2日，上海假面科技继洪泰基金、Newgen Venture天使投资之后，获得数百万元的A轮融资，其研发的狼人杀App首轮融资估值过亿元，14天内完成两轮过亿元的融资。紧接着，天天狼人杀创始人李宇辰宣布，第一轮融资已经洽谈完毕。2017年5月，狼人杀官方获得1 000万元天使轮融资，投资方为英诺天使基金、梅花天使创投等。同时，玩吧获得高榕资本数千万元A轮融资，由谢娜代言的《欢乐狼人杀》也正式上线并登上湖南卫视《快乐大本营》的舞台……更多的狼人杀融资在洽谈、进行，尚未公布。最火的时候，一个投资人在朋友圈曾经写道：现在见到一个投资人都在问狼人杀。

狼人杀起来了，没有人说得清早已过气的桌游究竟为什么会火起来，一切似乎只在瞬间就发生了。

"为什么投资狼人杀？因为狼人杀的数据，宛如当年的映客。"青松基金在知乎上对于投资狼人杀给出了自己的理由。一个未经证实的说法是，投资人在看到数据和用户黏度之后，当天就给出offer，3天内完成付款，并想进行追加，被狼人杀团队拒绝。

这一波热潮来得有些突然，也有些意外。在偌大的创投圈，

15 狼人杀：娱乐至死时代的小样本

狼人杀并不算是一个非常扎眼的领域。其他诸如共享单车、共享出行、短视频等领域，既有互联网的光环笼罩，也有资本的勉力推动，其光芒自然吸引圈内圈外的眼球。

相比之下，狼人杀有些"非主流"，大家对于通过音频、视频等途径随时随地与陌生人玩一个推理为主的发言游戏，依然有种种顾虑和怀疑。不过，在这个利益相关的世界中，没有非黑即白。在互联网领域，每隔一段时间都会有一些领域成为风口，"眼见他起高楼，眼见他宴宾客，眼见他楼塌了"，周而复始，唯一不变的是无处不在的争议。

始作俑者

这个游戏一点也不新鲜。

普遍公认的起源是，1986年，前苏联莫斯科大学心理学部的Dimma Davidoff发明的Mafia（即黑手党）游戏，这被认为是此类杀人游戏的鼻祖，此后，这款游戏被带到美国大学校园里。1997年，美国人安德鲁·普洛特金将杀人游戏与美国社会特有的"狼人传说"结合在一起，产生了最早的以狼人文化为背景的杀人游戏。2001年，法国开发商Asmodee开发出正式的狼人杀游戏。2009年，北京一家桌游吧——大魔王桌游吧申请并注

趣商业　趣玩耍：
大文娱时代的商业机会

册了国内的狼人杀商标，该品牌和商标在2015年被西安云睿网络科技有限公司全资收购，2017年，其旗下全资子公司狼人杀（海南）文化传媒有限公司成立，专注运营狼人杀官方系列产品。

可以与狼人杀相提并论的桌游是三国杀，相比之下，狼人杀更考量玩家的逻辑思维、语言表达能力和控场能力。从玩法的角度来看，在一场狼人杀游戏中，如果按12位上场玩家来计算，每局预女猎守标准局（每局游戏包含以下神职身份：预言家、女巫、猎人、守卫）而言，场上12位玩家总共有831 600种可能的身份分布情况，因此，场上的信息极为丰富且不确定，这意味着，在每一场游戏封闭而短暂的"信息世界"中，玩家需要对信息进行甄别，通过话术来表达自己并作出推理。

对于游戏，德国哲学大师伽达默尔曾经作出这样的表述："游戏的世界构成了一个独立的、超凡脱俗的世界，一旦进入这个世界，就会忘却世俗的烦恼，享受一种了无挂碍的生活，游戏的人才是真正的人。"狼人杀正是一个话语权形成、逻辑和魅力积累、普通玩家也可以表演不同人性的地方。

随着直播的兴起，电竞圈开始就各类游戏推出自己的直播节目，邀请圈内知名主播加入。2015年6月，游戏直播平台战旗TV首先推出狼人杀电竞真人秀Lyingman，凭借游戏自身在规则之下所呈现出来的张力，Lyingman渐渐脱颖而出，前几季

15 狼人杀：娱乐至死时代的小样本

的播出，既扩大了狼人杀的受众范围，也奠定了狼人杀的群体基础，其他直播平台开始纷纷效仿。熊猫 TV、斗鱼 TV 纷纷推出各自的狼人杀综艺和比赛，其中，以财大气粗的熊猫 TV 推出的 Panda kill 为代表，每期节目直播至少都有百万观众，收官当期达到 300 多万人的在线观看。

这些直播节目所邀请来的电竞主播们也各有特色，开始形成以上海为中心的南派状态流（以申屠、李锦、飘渺等为代表）、以北京为中心的北派逻辑流（以 JY、指尖、幸福等为代表）以及来自英雄联盟、炉石传说、DOTA 等电竞游戏的知名主播（以囚徒、李斯、二龙等为代表）等数个派别。

这是一群游戏精神极强的玩家，往往拥有较好的游戏素养，敢玩、敢说、敢做，在严格遵守游戏规则的前提下，他们极其鲜明的个性得到了充分发挥，在游戏中互相碰撞迸发出火花，这些火花借助直播平台和综艺节目，得到进一步的扩大。不少电竞主播开始逐渐转型成为专职的狼人杀主播，一些主播开始创立自己的线下狼人杀门店，甚至直接成为狼人杀项目的股东或者代言人。

JY 是其中一个典型的代表。

2017 年 3 月 12 日，上海闵行区虹梅路，一家线下狼人杀门店 JY Club 上海旗舰店正式开业。这是电竞主播 JY 开的第二家分店,当天下着大雨,依然有络绎不绝的粉丝将门店挤得水泄不通,首日营业额便超过 100 万元。众多圈中好友都赶来参加开业仪式,来自北京和上海的电竞明星主播们在这里打了一场"京沪大战",吸引了数百万粉丝的围观。

这是国内最专业的狼人杀桌游店之一,顾客采取会员积分制度,"JYclub"微信公众号可以支持会员绑定卡片、预约、查询等功能,35 元/小时的定价在桌游店中略显轻奢。会员在店内玩的战况会在熊猫 TV 上进行线上直播,直播间的粉丝累计超过 10 万,线上粉丝可以直接给线下的玩家刷饮料等礼物。

坐拥百万粉丝的 JY,在淘宝开了 5 家店铺,变现能力有了保障,他还将自己的身份从"英雄联盟知名解说"改成"JYC 创始人",宣称要将 JYC 开遍全球,"谁也别拦我!"他开始出席文娱界的战略发布会,并被吸纳为手游"天天狼人杀"的股东之一。

不打不相识

在狼人杀的世界中,每个人都是一个故事。

申屠是一位民间高手,他的故事带有一些黑色幽默的味道。

15 狼人杀：娱乐至死时代的小样本

根据领英上的公开资料，他的全名是申屠柳栋，是一位国家注册高级会展策划师、曾任卡尔吉特集团副总经理，从事相关工作已有十余年。他每天都会在微信朋友圈发布十二生肖的每日运势，并帮助别人看风水，这是他的副业。从 2003 年起，申屠就开始玩包括狼人杀在内的身份推理类游戏，"我喜欢玩这类游戏，狼人杀只是其中一个，在我的产业链中也只是其中一环"。

原本，申屠与电竞圈没有什么关联，一个偶然的机会，他通过朋友介绍，以民间高手的身份，与 JY、囚徒等电竞圈内玩家过招。主播们对其印象深刻，将其推荐到熊猫 TV，并参与了 Panda kill 的录制。

在狼人杀界，主播二龙提出一个分阶理论，从逻辑、话术、捉人、状态等各方面，将玩家进行分阶，一般玩家都在 3 阶上下，唯有申屠是公认的 4 阶玩家，在游戏中巧舌如簧，乃至掌控全局。

他往往能够通过玩家看牌或睁眼的瞬间神情，就大致判别其身份（圈内称之为"颜杀"），但在游戏中，他不会咄咄逼人，从来都是温文尔雅、举重若轻，"其实没有什么特别的技巧，唯手熟尔嘛。"对于众人感到好奇、想要学习的游戏技巧，申屠始终保持一种低调的姿态。借力于直播平台，第一波粉丝迅速被聚拢起来，申屠也因此开设了微博、粉丝群、直播间和公众号，2016

年12月5日，申屠第一次在熊猫开了直播间，最高观看人数达到六位数，粉丝送出的礼物价值达到数十万元。

2016年下半年，狼人杀开始逐渐复苏，几乎在同一时间段，电竞圈中的狼人杀也纷纷爆出各类事件，粉丝们乐此不疲地站队撕架，狼人杀在网络上的关注度一度被推升且居高不下。

2016年10月，Lyingman的一位嘉宾爆出节目嘉宾半个橙子偷看事件，当期节目也达到当季点击率和搜索率的峰值。游戏规则一旦被打破，规则也就变得不再重要，这次事件所牵涉的嘉宾纷纷表示不再参与节目录制，当家人气主播也悉数被熊猫TV或斗鱼挖走。

仅仅在两个月之后，也是申屠首次开直播间后的几天时间，Panda kill也爆出嘉宾几个月前的作弊事件。这次事件的主角正是高阶大神申屠。爆出这次事件的，是将他介绍到Panda kill的主播之一囚徒。利益的冲撞让圈内开始分出阵营，事件一波三折，以申屠最终发了一条道歉微博结束。

"大人的世界只有利益，没有对错。"在接受采访的过程中，申屠并不愿意对此作过多回应，他继续围绕狼人杀打造一条龙的产业链。在这条产业链中，申屠与狼人杀App合作，成为正版狼人杀形象推广大使，"狼人杀并不是没有版权的，我们才是官方，拥有正版的狼人杀背景和视角。"申屠表示。

"除了狼人杀 App 之外，我们还会打造官方狼人杀综艺节目，会在 7 月和 10 月上线两档网络综艺，目前已经落定在重庆。我们也会试着造星，将艺人全部签到我们公司，以团体的形式去发展团队，打包签约新的直播平台。另外，我们还会尝试举行线下的常规赛事，我们有大量的线下加盟店资源，全国大约数千家桌游店都会加入我们的联盟。"

这确实是一条深刻的产业链，申屠对自己的定位是"半娱乐"："我看的是布局，看观众是不是需要，而这是大家需要的一种娱乐方式。"

除了狼人杀之外，申屠还在试水其他高智商、高情商、斗智斗勇的游戏，"与狼人杀并级的还有七八个，比狼人杀级别再高一点的游戏我也在尝试"。

最好的内容产品是心理产品

"现实社会的一切公众话语日渐以娱乐的方式出现，并成为一种文化精神。"很久以前，尼尔·波兹曼这样预言过。

5 月中旬的北京，一反常态的骄阳似火。米未传媒刚刚搬到位于北京东五环附近的新办公室不久，楼道中的电梯尚未运行起来。

趣商业　趣玩耍：
大文娱时代的商业机会

　　米未传媒创始人、爱奇艺前首席内容官、著名制作人、主持人马东，这位自诩为最懂"90后"、"00后"的"60后"的大叔，穿一身黑色衣服，骑一辆黑色自行车，进了一间被打造成"狼人杀俱乐部"的会议室，正式发布了一款名为"饭局狼人杀"的移动端应用——这是米未传媒出品的网综节目"饭局的诱惑"官方唯一 App。

　　他实现了米未传媒成立最初时候的梦想：做一款属于自己的技术产品。从 2015 年 9 月至今，米未传媒成立了 19 个月的时间。在这 19 个月中，从刚开始米未团队在饭桌上必玩的一个游戏，到如今的"饭局狼人杀"App 以及两档同名的直播和点播节目，狼人杀对于米未的意义不断变化。

　　2016 年 8 月，米未传媒推出一档明星通告类综艺"饭局的诱惑"，并在斗鱼 TV 直播上线，此后，又以点播的方式在腾讯视频上线，在腾讯视频的播放总量达到 5 亿。在这档节目中，由"饭"和"局"两部分组成，其中，"局"则是主持人与明星嘉宾一起玩狼人杀游戏。

　　出于综艺节目的定位和逻辑，"饭局的诱惑"中的狼人杀游戏以娱乐聊天、插科打诨为主，在玩家发言的时候，其他玩家可以随时插话，这在 Lyingman、Panda kill 等节目中是不被允许的。对于新手玩家而言，娱乐性更强、宽容度更高、姿态更加友善的游戏显然更容易上手，也更容易找到归属感。这直接推动了狼人杀游戏在大众的普及。

节目播出之后不久，马东听到很多质疑的声音："你们怎么乱插话？这样不专业。"他反倒不以为然："对呀，我们就是要乱插话。"之后，他发现，市场上已有的同类 App 开发了一个功能：插麦，即在游戏过程中可以随便说话。"原来'饭局的诱惑'能够给一个 App 带来新的想象空间。"马东的兴奋感随之而来。

不断有人找到米未、找到马东，想要与其合作，甚至想直接用"饭局的诱惑"同款来宣传。"我就想我们为什么不自己做呢？狼人杀的出现，给了我们最好的切入角度去做自己的 App。"

他四处寻找技术团队，最终找到曾在 YY 做过逾千万日活产品、在直播和互动音视频玩法产品方面有丰富经验的胡天宇，他拥有一个完整的团队，可以同时开发 iOS 和安卓版本。双方一拍即合，从开发到公测，用了 6～7 周的时间，"产品的状况完全符合我内心的预期。"马东说。

2017 年 5 月 18 日，这款在公测第一天日活突破 1 万的"饭局狼人杀"App 正式上线，节目的娱乐性在 App 中得到延续和承接——游戏过程中允许插话、允许互黑，镜头可以添加滤镜，甚至可以戴上面具。

早已有数量众多的同类 App 在市面上出现，作为后来者，

"饭局狼人杀"究竟如何才能居上？马东更愿意将其定义成一个内容，而不只是一个社交产品。"做内容的人是最不怕竞争者的，内容是先天的差异竞争，我们能干的就是放大这种差异。"

这种差异体现在，他并不看重游戏和规则本身，而是想要让玩家在产品中获得归属感。"最好的内容产品是心理产品，外在形式是技术方面的保障，至于玩什么、谁是狼，都没那么重要。"他明确了自己的内容出发点，然后开始去寻找适合自己、能够取得最大协同效应的方式。

"未来，我也不知道变化的结果是什么，我只知道我们一直在变化，我们很享受自己一直在变化的感觉。"马东表示。

※ ※ ※ ※ ※

Chyna是一名医院护士，Lucia是一名中学老师。都是30岁不到的年纪，2016年的夏天，在一家线下桌游店，她们接触到狼人杀游戏。

刚开始，她们经常一起组织去狼人杀桌游店玩游戏，但每次组局都会遇到这样那样的问题，位置需要提前预订、环境也不够理想……她们决定自己开一家桌游店。费了不少力气找到合适的地点之后，2017年4月15日，在南京市区新街口附近的一个地铁站旁边，"桌邀记"正式开业。

15 狼人杀：娱乐至死时代的小样本

100多平方米的面积对于一家桌游店而言不算太大，游戏类型以狼人杀为主，以其他各类桌游为辅，规模和定价在南京的桌游店中算是中等。"我们计算过，每天只要保证有十几位固定的玩家，是可以达到收支平衡的，但如果想要盈利的话，还需要更大的客流量或其他收入来源。"Lucia表示。

从开店至今，Chyna和Lucia几乎处于无休状态，无论是护士还是教师，这两个职业都马虎不得，而在工作之余，她们所有的休息时间都贡献在桌游店上，包括维护客流量、线上线下的推广活动等。"我们想提供一个像《老友记》里面咖啡馆那样的地方，大家聚在一起，把这个地方组织成自己喜欢的模样。"

这是线下桌游店的一个现实缩影，也是越来越多城市青年的缩影。游戏和娱乐日渐成为主流休闲形式，需求一旦形成规模，便会有人争先恐后地来满足。在这个"只能说谎话"的游戏中，每个人都必须戴上身份面具，进入表演状态，一本正经地胡说八道。

至于狼人杀会不会变成现象级的存在，像Chyna、Lucia这样的玩家可能并不太关心。不过，"不管是哪种形式的'伪语境'都为'这些彼此没有关联的事实和我有什么关系'这个问题提供了答案，而且答案是一致的：为什么不利用它们作为消遣、娱乐，或在游戏中找点乐？"尼尔·波兹曼早已在《娱乐至死》中给出了答案。

16 《欢乐颂》：植入也要"飙演技"*

商业植入是品牌与片方"相看两不厌"的过程。《欢乐颂》若干植入品牌的意外走红背后，有怎样的商业博弈？

2015年的春末夏初，东阳正午阳光影视有限公司进入电视剧《欢乐颂》开拍前准备工作，身为商务营销总监，张盈秋发现这部剧的招商工作有些无力：原著小说实力十足，但并不是备受热捧的"超级IP"；已经敲定的女演员声名在外，却并没有"顶级市场号召力"，男演员阵容甚至不能用"知名"形容；《琅琊榜》和《伪装者》尚未播出，导演此前最为人熟知的《北平无战事》，其历史正剧题材与商业毫无关联……在多数早期接触这部

---

* 本文作者刘婕。原载于《中欧商业评论》2016年第7期。

16 《欢乐颂》：植入也要"飙演技"

剧的品牌眼里，《欢乐颂》想做到收视、播放与口碑兼得，难。

一年之后，这部描述都市女性群像的影视作品在收官时的收视率达到1.928%，国内网络总播放量171亿次，它引起的全民热议更咄咄逼人，甚至超越作品本身，成为2016年上半年的一种文化现象。在这部2016年"屏霸"作品中，几家植入品牌都可谓名利双收。

一支曾被低估的"良心股"

"没有套路"的团队在"总是套路得人心"的行业，看上去有很多不确定性。

2016年5月的一天，搜狗CEO王小川发了一条朋友圈问："有谁在看《欢乐颂》？"腾讯CEO马化腾留言："我的家人在看"。搜狗搜索产品市场部总监张珊珊则是电话不断——对这部电视剧中的植入感到好奇、打听价格的同行不少，还有一些则是为错失机会而后悔不已。

张珊珊直言当初对《欢乐颂》并不是一眼相中，"如果用机器来计算这部剧火爆的潜质，它的分数应该不算高。"那时她的团队接触了20余部即将开拍的影视剧作品，为了挑选搜狗搜索的荧屏植入"首秀",张珊珊特别谨慎。"我们是一个会严谨对待投入的市场部,无法像有些企业那样动辄千万去遍地开花,核心是追踪投入产出比,才会在乎每一分钱都要花得超值。"

在同时期招商的影视作品中,《好先生》《翻译官》《微微一笑很倾城》《小别离》等剧组在演员阵容上都更有优势。"通常在商业植入市场,演员和平台是最主要的,导演和团队都是次要的。"张盈秋解释。更何况,正午阳光坚持"不重复自己,也不重复别人"的团队文化,每次推翻既有经验的创新对于品牌商和电视台而言都暗示着商业上冒险:编剧袁子弹过去十年一直聚焦在重大历史题材,第一次执笔都市剧;拍了20年"男人戏"的孔笙,女性题材是他的头一回;剧本采用了不被业内人士看好的五线并行的叙事方式,制作人侯鸿亮却坚持要打破行规……"没有套路"的团队在"总是套路得人心"的行业,看上去有很多不确定性。

"正午阳光是十年磨一剑的风格,以产品而非宣传热点取胜。"北京麦珂文化传媒有限公司总裁兼CEO黄已珂说,之前两家公司曾在网剧《他来了,请闭眼》有过商业合作,"客户一般首先会问主演是谁,而在《欢乐颂》这部剧上,我们必须要从制作团队和剧本来打动他们。"正是这两点最终吸引了搜狗搜索的加盟。"当时,我们认为这是一个能够抓住当前主流价值观、主流人群的剧本;而在谍战剧、婆媳关系等类型的作品太多时,它

16 《欢乐颂》：植入也要"飙演技"

的差异性很吸引人。同时都市剧的丰富现实场景，也能够将我们的移动产品特性展示得淋漓尽致。"张珊珊表示，"在磨合中我们对这个团队越来越有信心。"

同样没有对《欢乐颂》"一见倾心"的，还有从2015年开始涉足影视剧植入的"三只松鼠"。这家公司在筛选作品时有较为严格的标准——一套将4年来每年收视率排名前40的影视剧作品中演员、导演、编剧和出品方等因素交叉比对并时常更新的打分体系——来判断一部电视剧大热的可能性。而按照这套标准，《欢乐颂》的得分并不高。"首先是我们接触这部剧时已经接近年底，预算很有限；第二就是《琅琊榜》和《伪装者》还没播放，对演员阵容并不是特别看好。"三只松鼠股份有限公司首席品牌官郭广宇表示。虽然三只松鼠每年会有7~8部影视剧的植入计划，但在他看来，快消品牌植入对影视剧品类的要求更为挑剔。倒是《欢乐颂》小说原作的"故事性"和"接地气"，以及人物个性与场景上的"有机可乘"，让他改变了主意。

"过去，正午阳光更多关注历史剧或战争题材，关注大众消费者或年轻群体的作品不多。"女装品牌伊芙丽电子商务总经理郑隽表示。"但是无论是什么新的题材，片方对自己作品精良程度的坚持，总会让人们关注到他们的作品。"与搜狗搜索和三只松鼠不同，伊芙丽在2014年正午阳光拍摄《温州两家人》时就曾有接触，并在《他来了，请闭眼》一剧中达成合作，因此对后者信心十足。

商业植入是品牌与片方"相看两不厌"的过程。为了保证品质，正午阳光团队对《欢乐颂》中出现的品牌要求较高：不合适的品牌，钱多也不做；人物身份需要的品牌，钱是次要因素。按照侯鸿亮的话说，不符合人物的品牌就会显得生硬，生硬就是对品牌方和片方的双重伤害。剧中，由于职业、身份的不同，几个角色在剧中开着不同品牌和档次的车型——然而这些都不是商业植入，只是为了让作品更接近生活。为此，孔笙拒绝了一家希望植入自己品牌下不同档次车型的大客户。"只要导演觉得不合适，你就是给他一艘航空母舰，他都不和你玩。"黄已珂说。

由于产品定位与剧中人物和情节不符，剧组回绝了三分之二有合作意向的品牌。最终，《欢乐颂》与包括搜狗搜索、三只松鼠和伊芙丽女装在内的21家品牌达成商业合作，后者为这部剧或提供资金或解决实际问题，如提供拍摄场景中的家具厨电等。

硬度和温度之间的那条金线

让植入在剧中"飙演技"，才能让广告做得行云流水、理直气壮。

《欢乐颂》拍摄完成后，张珊珊组织搜索产品和技术部门的

16 《欢乐颂》：植入也要"飙演技"

同事进行了一场看片会，对搜狗搜索的12次画面植入及4次纯口播植入进行内容和技术角度的检查。看过后，张珊珊松了口气，觉得"自然又正常，合情且合理"。不管是剧中角色用扫码购物功能搜索了一盒进口巧克力，还是用语音搜索别人的名字，都能够按照人物设定和性格来带动剧情甚至情绪的传递，"正是场景的真实，我们的产品才有机会自然地展现。"

品牌方对内容价值的判断能力、片方的制作实力，还有两方之间的博弈，往往决定了一部影视剧作品中的"软广"有多"硬"——过于抢眼的品牌标志、长时间产品展示或与剧情毫无关联的口播都是硬伤。张盈秋认为，很多品牌还是习惯以硬广的标准衡量内容产品的价值，而正午阳光是在品牌与人物匹配的前提下，针对性地利用剧情和人物为品牌植入情感，这往往意味着许多品牌商的"硬广"需求得不到满足。早在两年前《温州两家人》拍摄期间，张盈秋就曾被"骂"在合作中太强势，现在的她依然如此。"导演的追求摆在这里。最后还是要看戏，戏好了，植入无论怎样做，观众都会欣赏；戏不好，做出朵花儿来都没用。"

从张珊珊的角度看，搜狗搜索的品牌植入要深入人心，就不能依靠简单粗暴的方式，应该通过剧中的不同人物、不同场景分别展现产品的各个功能。最终，呈现出她理想中"润物细无声"的效果，比如剧中樊胜美用语音搜索老同学王柏川的场景，"我们觉得语音是件很有情怀的事情。"她说,"如果你真的在搜索框里打出这几个字,就太严肃了,有点功利心的感觉,而樊胜美轻轻说出王柏川的名字,就有一种细腻又欢喜的小情绪在其中。"能够在推动剧情的同时又辅助人物的情绪,才能让广告做得有理有据、令人信服。

一开始,郭广宇希望能够通过三只松鼠产品在人物开心、失落和男女情感互动这三类场景中的展现,让观众感同身受,从而顺水推舟地对品牌产生认知。最终的呈现结果让郭广宇十分惊喜:三只松鼠通过剧中邱莹莹这个"吃货"的角色得到高频次曝光和情感联系,反过来又是填充人物性格不可或缺的重要道具。"她会感染许多不买三只松鼠的人。"张盈秋说,"这不是通过口播或者一个特写镜头能做到的,因为它们只能让观众认识这个品牌,却不能让他们产生发自内心的好奇——它到底是个什么味儿?"

同样受益于《欢乐颂》中丰满人物性格的,还有伊芙丽女装。郑隽发现一个现象:对比品牌曾经赞助的真人秀节目《女神的新衣》,观众在《欢乐颂》虽然不会产生快速的购买欲望,但会随着对人物的情感变化而对服装产生关注。"人们会先喜欢上一个人物,再喜欢上她的穿衣风格,进而去好奇品牌是什么,再转化为销售。"郑隽说。她举了曲筱筱这个角色的例子——随着剧情发展,观众对该人物的情感产生剧烈的正向变化,而这也在其同款服装的搜索量和关注度上有着显著的体现。

张盈秋认为，品牌与人物本就是相辅相成的关系。《欢乐颂》中，应勤这个角色就被设定成搜狗搜索的员工，而在此之前，他只是一个单薄的程序员形象。"他是个什么样的人？他每天的工作是什么？他会说出什么话？编剧创作都需要依据。"张盈秋说，"而品牌的理念会影响到这个人物，影响到他的台词，让编剧有了参考。"

植入也需要"飙演技"了——与这样高标准又强势的片方合作，张珊珊用"丧心病狂"四个字形容。第一次会面时，剧组就主动提出要讨论搜狗搜索的几大产品功能、可能的使用场景，并且进行功能演示。三个月时间、十几次会面、脚本的讨论和打磨……都是为了让广告也做得行云流水、理直气壮，如同生活中随时会发生的场景。《欢乐颂》筹备和拍摄期间，正午阳光的员工总共只有13个人，扁平化的组织让沟通中的信息一致、折损较少。品牌方的诉求能够很好地从张盈秋的团队传达到编剧、导演和制片那里，再反馈给客户。张盈秋和这个团队一样也有一股死磕精神："我认为好的做法，合适的做法，就无止境地去跟客户磨。很多客户认为我们过于低调，不擅长传播，但是我们擅长塑造人物，让人物落地生根，让观众对人物有感触，去讨论，来酝酿传播。"

趣商业　趣玩耍：
大文娱时代的商业机会

合力起波澜

剧中植入太自然？没关系，二次传播可以加深观众对品牌的印象。

2016年4月18日，《欢乐颂》在东方卫视和浙江卫视开播，第一周的收视率略显惨淡，郭广宇屡次安慰片方"没关系，一定会火的"。一转眼，这部作品不仅收视飘红，播放量与口碑爆棚，相关话题的讨论更是频频刷屏——微博话题的阅读量总计达到50亿次。不少人问侯鸿亮找了哪家营销团队合作，侯鸿亮给出的答案很简单，也很难："最好的营销就是把内容做好。"

反而是几家植入品牌借助《欢乐颂》的相关话题推波助澜。张珊珊就带领团队进行了响应及时的推广：电视剧播出之后，搜狗马上挖掘观众关注和讨论的热点，抓住机会将话题放大，通过微信大号发布相关文章，通过迎合大众心理推广了扫码购物、搜狗知乎搜索、同款比价和购物搜索等功能，文章阅读量平均达到10万左右。市场团队还制作了一系列响应及时的海报，结合片中的人物与剧情，增加使用的场景感和代入感，并且对片方提供的视频素材进行剪辑，在视频网站进行投放。"我们的判断就是，一个热点话题的持续不会超过3天；而一个已经引爆的热点，你只有一天时间可以抓住——因为观众第二天就会被别的话题吸引

16 《欢乐颂》：植入也要"飙演技"

过去了。"张珊珊说。

《欢乐颂》开播后，搜狗搜索品牌提及率峰值提升了252%；新增日活跃用户数量较播出前的峰值增长218%。不仅如此，搜狗搜索在苹果商店的排名也有了大幅提高。对于搜狗搜索的第一次影视剧植入和后续营销的"组合拳"，张珊珊甚为满意，"用'抄底'这个词再准确不过了。"

三只松鼠也结合《欢乐颂》的话题制作了3部创意病毒视频，迎合"欢乐颂CP""合租"等热点话题，在主流视频平台投放，并且结合KOL内容发布，目的是打造更娱乐化的品牌形象，提升粉丝好感度。此外，团队也在微信上发布了剧情盘点的创意文章，从剧情美食角度出发，引入三只松鼠品牌；同时，线上店铺推出电视剧元素的同款产品。传播效果同样漂亮：3部视频播放总量达到1 691万次；微信文章总阅读量达到105万次；微博KOL内容阅读总量达到2 885万次。

这家互联网零食企业最直观的收获，是《欢乐颂》直接影响了产品搜索和销量："三只松鼠"的关键词指数迅速与竞争对手拉开差距，从播放前的2倍提升至3倍左右，最高时达到5倍；电视剧中植入的几款产品一直是三只松鼠备货量充足的店铺爆款，却在短短几天内迅速脱销下架，火爆程度让公司始料未及。"5月份对我们来说并不是旺季，但是电视剧里出现的产品全部卖到断货，这对我们来说是第一次。"郭广宇说。据测算，通过《欢乐颂》而知道三只松鼠的观众至少达到1亿人，折合硬广价值达到1 660万元。

对于伊芙丽女装而言，《欢乐颂》带来的实际转化很重要，但公司更为看重它所带来的话题热度。"当时，我们考量的是服装的应季性，以及各个阶层的女性都能在剧中找到自己的定位，而她们都可以被包容在我们的消费者中。"郑隽表示，"但播出后女性群体和媒体对社会关系、人物性格的话题讨论，我们真的没有料到。"电视剧播出期间，伊芙丽对电商在线、《服装周刊》等行业类媒体，《时尚芭莎》、海报网等时尚类媒体，搜狐、腾讯等门户类网站和微博、微信的KOL进行了结合剧情人物话题的软文投放，达到传播品牌的目的。"现在付费流量不仅贵，而且更多的只能实现当次购买转化，没有太多延续性效果；而话题是有延续性的，会让消费者对品牌产生记忆，产生持续的关注。"郑隽说。

伊芙丽与《欢乐颂》14件合作款于4月26日上线，仅仅一个月，伊芙丽品牌关键词在天猫的搜索量增长200%；同款的销售额30天达到336万元。在线下，伊芙丽面向一二线主要城市店铺在《欢乐颂》大结局播出的周末开展了"欢乐颂Happy Ending下午茶"活动，相比其他没有开展该活动的同类店铺销售

16 《欢乐颂》：植入也要"飙演技"

额提升 25% 左右。通过媒体传播、爱奇艺边看边买、线上销售平台广告投放，整体品牌曝光量达到 2 620 万次。

※ ※ ※ ※ ※

张珊珊 2016 年的工作重点之一，就是在搜狗的娱乐化战略框架下，继续寻找潜在的超级 IP。"一个低调的品牌，更需要通过市场营销的作用将产品的技术语言转化为用户理解的体验，而娱乐化是让产品与用户连接的有效手段。"

郭广宇所在的三只松鼠团队，从去年开始陆续停止了硬广的投放，将重点转移到娱乐营销上。2016 年，除了会继续投放 8～9 部影视作品，公司还在筹备自己的动画片。在郭广宇的眼里，影视娱乐营销并非人人适合，但三只松鼠具备诸多天然优势，效果应该事半功倍。

伊芙丽女装已经进入《欢乐颂2》的洽谈阶段，有可能的话，品牌会针对不同角色在剧中的剧情和性格转变定制服装。而随着电视剧植入市场的大热，原本计划在 2016 年合作两到三部影视作品的郑隽也在考虑直播等新的娱乐营销形式。

6 月开始，《欢乐颂2》已经进入招商阶段，张盈秋没有了一年前的无力感。"不过我正在思考一个新的模式，跳脱出这个影视植入的框架。"她现在还不肯透露太多。

图书在版编目(CIP)数据

趣商业 趣玩耍:大文娱时代的商业机会/周雪林,王正翊主编. —上海:复旦大学出版社,2019.1
(中欧经管图书. 中欧商业评论精选集)
ISBN 978-7-309-13981-5

Ⅰ.①趣… Ⅱ.①周…②王… Ⅲ.①企业管理-案例 Ⅳ.①F272

中国版本图书馆 CIP 数据核字(2018)第 226413 号

趣商业 趣玩耍:大文娱时代的商业机会
周雪林 王正翊 主编
责任编辑/戴文沁

复旦大学出版社有限公司出版发行
上海市国权路 579 号 邮编:200433
网址: fupnet@ fudanpress.com http://www.fudanpress.com
门市零售:86-21-65642857 团体订购:86-21-65118853
外埠邮购:86-21-65109143 出版部电话:86-21-65642845
山东鸿君杰文化发展有限公司

开本 890×1240 1/32 印张 7.25 字数 123 千
2019 年 1 月第 1 版第 1 次印刷

ISBN 978-7-309-13981-5/F·2510
定价:45.00 元

如有印装质量问题,请向复旦大学出版社有限公司出版部调换。
版权所有 侵权必究